삶을 변화시키는 기도
POWER

이남종 지음

좋은책으로 하나님의 사람을 만들어가는
엘맨

삶을 변화시키는 기도
POWER

머리말

기도는 신자의 영적 호흡과 같습니다. 바꾸어 말하면, 기도가 없다면 신자의 영적 생명은 죽은 것과 마찬가지가 됩니다. 이런 이유로, 기도는 신자의 삶에 있어서 가장 중요한 요소라고 할 수 있습니다.

본서는 성경 말씀에 기초하여 각 주제에 맞게 기도를 할 수 있도록 하였습니다. 어떤 상황에 부닥쳤을 때 우리는 어떻게 기도를 해야할지 난감할 때가 많이 있습니다. 이럴 때 우리는 말씀을 생각하면서 기도를 하면 좋은데, 이런 상황을 전제로 하여 이 책은 서술되었습니다.

우리 마음 속에는 항상 성경 말씀이 풍성해야 하며, 또 이 말씀에 따라 기도를 늘 할 수 있어야 할 것입니다. 한국 성도들이 과거에 비해 기도의 열이 많이 식어 있는 것이 사실입니다. 다시 한 번 기도의 열이 한국 땅을 진동시켜야 하겠는데, 본서가 이 일에 일조를 담당했으면 합니다.

또한 조용한 시간에 묵상하면서 기도를 하는데 본서가 참고되어 그 기도가 속히 응답되는데도 작으나마 도움이 되었으면 합니다. 우리는 인생을 살아가는데 이 모양 저 모양의 문제들에 봉착하게 되는데, 그때마다 기도에 힘써야 할 것입니다.

모쪼록 이 작은 책자가 여러분들의 삶에 유익이 되기를 간절히 기도드립니다. 부족한 이 책을 발간해 주시는 엘맨 출판사 사장님과 편집 위원들에게 감사를 드립니다.

2002년을 시작하며 저자

목 차

- 머리말 / 5

찬양을 받으소서 / 12
감사하게 하소서 / 14
죄에서 떠나게 하소서 / 16
죄악을 이기게 하소서 / 18
오래 참게 하소서 / 20
믿음으로 살게 하소서 / 22
확고한 믿음을 갖게 하소서 / 24
깨달음을 주소서 / 26
저희와 함께 하옵소서 / 28

30 / 축복을 내려 주소서
32 / 주님께로 돌아오게 하소서
34 / 영적으로 살게 하소서
36 / 영적으로 강하게 하소서
38 / 성숙하게 하소서
40 / 회개하게 하소서
42 / 살아 있게 하소서
44 / 자유를 얻게 하소서
46 / 주님의 능력으로 살게 하소서

말씀대로 살게 하소서 / 48
말씀의 능력을 갖게 하소서 / 50
말씀을 사모하게 하소서 / 52
주님의 은혜를 바랍니다 / 54
승리의 삶을 살게 하소서 / 56
전도를 원합니다 / 58
주님께 헌신하게 하소서 / 60
확신을 갖게 하소서 / 62
하나님의 인도를 바랍니다 / 64

66 / 늘 기도하게 하소서
68 / 자아부인(　　)을 원합니다
70 / 평안하게 하소서
72 / 기뻐하게 하소서
74 / 치유받길 원합니다
76 / 변화받길 원합니다
78 / 하나님의 보호를 바랍니다
80 / 하나님, 도와주소서
82 / 사탄을 대적하게 하소서

섬김의 삶을 살게 하소서 / 84
더불어 살게 하옵소서 / 86
형통하고 풍성한 삶을 원합니다 / 88
주님과의 사랑을 원합니다 / 90
이웃을 사랑하게 하소서 / 92
담대하게 하소서 / 94
절망감이 듭니다 / 96
연단이 되게 하소서 / 98
고난에서 구원하소서 / 100

102 / 주님을 찾게 하소서
104 / 성실한 삶을 원합니다
106 / 슬픔에서 벗어나게 하소서
108 / 소망을 갖게 하소서
110 / 하나님께 의탁합니다
112 / 하나님의 영광을 위해 살게 하소서
114 / 만족하게 하소서
116 / 염려하지 않게 하소서
118 / 겸손하게 하소서

분노하지 않게 하소서 / 120
영적 소생을 원합니다 / 122
퇴보가 없도록 하옵소서 / 124
순종의 삶을 살게 하소서 / 126
나태하지 않게 하소서 / 128
십자가의 삶을 원합니다 / 130
시기하지 않게 하소서 / 132
유혹당하지 않게 하소서 / 134
좋은 습관을 갖게 하소서 / 136

138 / 기도에 응답해 주소서
140 / 탐욕을 갖지 않게 하소서
142 / 주님을 본받게 하옵소서
144 / 영적 싸움에서 이기게 하소서
146 / 온유하게 하옵소서
148 / 영혼의 구원을 받게 하소서
150 / 빛된 생활을 하게 하옵소서
152 / 충성하게 하옵소서
154 / 땅의 것을 찾지 않게 하소서

헛된 것을 바라보지 않게 하소서 / 156
주님의 길을 걷게 하소서 / 158
성령님을 충만하게 하소서 / 160
새 생명으로 살게 하소서 / 162
죽음을 앞두고 있습니다 / 164
부활을 믿습니다 / 166
재물욕을 갖지 않게 하소서 / 168
주님 안에 거하게 하소서 / 170
강하게 하소서 / 172

174 / 진리를 따라 살게 하소서
176 / 전심으로 구하게 하옵소서
178 / 지혜를 구하게 하옵소서
180 / 자비로우신 하나님
182 / 완전하신 하나님
184 / 은혜로우신 하나님
186 / 전능하신 하나님
188 / 영원하신 하나님

찬양을 받으소서

찬양은 신자의 최고의 영광이요 특권이다.

하나님께 찬양을 드리지 않는 것은 사탄에게

찬양을 드리는 것과 같다.

대상 29:11	광대하심과 권능과 영광과 이김과 위엄이 다 주께 속하였사오니 주님을 찬양하옵나이다
시 103:1	저희 영혼이 하나님을 송축하며 저희 속에 있는 것들이 다 그 성호를 송축하게 하옵소서
시 104:33	저희의 평생에 하나님께 노래하며 저희의 생존한 동안 저희 하나님을 찬양하게 하옵소서
시 145:2	저희가 날마다 주님을 송축하며 영영히 주님의 이름을 송축하게 하옵소서
시 71:14	항상 소망을 품고 주님을 더욱 찬송하게 하옵소서
시 34:1	저희가 하나님을 항상 송축하며 그 송축함이 저희 입에 계속하게 하옵소서
출 15:2	저희의 힘이요 노래시며 저희의 구원이 되시는 하나님, 저희가 하나님을 찬송하며 높일 수 있게 하옵소서
신 32:3	저희가 하나님의 이름을 전파하며 하나님의 위엄을 나타내게 하옵소서
히 13:15	저희가 예수님으로 말미암아 항상 찬미의 제사를 하나님께 드리게 하옵소서

감사하게 하소서

생각을 하면 하나님께 감사할 일이 많이 있음을 알게 된다.

최악의 상황에서도 감사할 줄 알아야 진짜 감사가

무엇인지 아는 것이다.

대상 29:13	우리 하나님이여 이제 우리가 주께 감사하오며 주의 영화로운 이름을 찬양하나이다
시 100:4	감사함으로 그 문에 들어가며 찬송함으로 그 궁정에 들어가서 주님께 감사하며 그 이름을 송축하게 하옵소서
삼하 22:47	저희 구원의 바위이신 하나님을 높이고 감사하게 하옵소서
시 119:175	저희 영혼을 살게 하시며 주님께 감사하게 하옵소서 주님의 규례가 저희를 돕게 하소서
시 68:19	날마다 저희 짐을 지시는 주 곧 저희의 구원이신 하나님께 감사의 찬송을 드리옵나이다
시 146:1	할렐루야 저희 영혼이 하나님을 찬양하며 하나님께 감사하게 하옵소서

죄에서 떠나게 하소서

하나님에게서 떠난 것 자체가 이미 죄이다.

죄는 인간을 타락시키며 마침내 파멸에 이르게 하는

특성을 갖고 있다

시 119:133 저희의 발걸음을 주님의 말씀에 굳게 세우시고 아무 죄악이 저희를 주장치 못하게 하소서

시 1:1-3 저희가 악인의 꾀를 좇지 않고 죄인의 길에 서지 아니하며 오만한 자의 자리에 앉지 아니하고 오직 하나님의 율법을 즐거워하여 그 율법을 주야로 묵상하는 자가 되게 하소서. 시냇가에 심은 나무가 시절을 좇아 과실을 맺으며 그 잎사귀가 마르지 아니함 같이 그 행사가 다 형통하게 하옵소서

시 103:12 동이 서에서 먼 것 같이 저희 죄과를 저희에게서 멀리 옮기셨사오니

히 12:1 모든 무거운 것과 얽매이기 쉬운 죄를 벗어 버리고 인내로써 저희 앞에 당한 경주를 경주할 수 있게 하여 주옵소서

잠 4:14 악한 자의 첩경에 들어가지 말며 악인의 길로 다니지 말게 하여 주옵소서

롬 6:6 저희 옛 사람이 주님과 함께 십자가에 못 박히므로 죄의 몸이 멸하여 다시는 저희가 죄에게 종노릇하지 않게 하옵소서

엡 5:6 누구든지 헛된 말로 자신을 속이지 않게 하시며 이를 인하여 하나님의 진노가 임하지 않도록 해 주옵소서

죄악을 이기게 하소서

죄에 대한 승리가 최고의 승리다.

오직 하나님의 능력으로써만 죄성으로부터 벗어날 수 있다.

롬 12:21 악에게 지지 말고 선으로 악을 이기게 하옵소서

히 3:13 저희 중에 누구든지 죄의 유혹으로 강퍅케 됨을 면하게 하옵소서

사 1:5 저희가 매를 더 맞으려고 더욱 더욱 패역하는 일이 있지 않게 하옵소서

요 17:15 저희가 오직 악에 빠지지 않도록 해 주옵소서

사 9:2 흑암에 행하던 저희가 큰 빛을 보고 사망의 그늘진 땅에 거하던 저희에게 주님의 빛을 비춰주옵소서

히 10:22 저희가 마음에 뿌림을 받아 양심의 악을 깨닫고 몸을 맑은 물로 씻었으므로 참 마음과 온전한 믿음으로 하나님께 나아가게 하옵소서

히 8:12 주님께서는 저희 불의를 긍휼히 여기고 저희 죄를 다시 기억하지 아니하리라 하셨사오니, 이 말씀이 이루어지게 하옵소서

엡 2:3 전에는 저희 육체의 욕심을 따라 지내며 육체와 마음의 원하는 것을 하여 다른 이들과 같이 본질상 진노의 자녀이었던 저희가, 이제 과거로 돌아가지 않게 하소서

오래 참게 하소서

인간은 하나님의 오래 참으심을 배워야 한다.

오래 참음은 인간의 힘으로는 불가능하다.

오직 성령의 능력으로써만 가능하다.

삼상 12:16   저희는 이제 가만히 서서 하나님께서 저희 목전에 행하시는 큰 일을 보게 하옵소서

히 6:12   게으르지 아니하고 믿음과 오래 참음으로 말미암아 약속들을 기업으로 받는 자들을 본받는 자들이 되게 하옵소서

시 37:7-8   하나님 앞에 잠잠하고 참아 기다리게 하옵소서. 자기 길이 형통하며 악한 꾀를 이루는 자를 인하여 불평하여 말게 하시며, 분을 그치고 분노를 버리게 하옵소서

갈 5:22-23   사랑과 희락과 화평과 오래 참음과 자비와 양선과 충성과 온유와 절제와 같은 성령의 열매를 맺게 하옵소서

애 3:26   저희가 하나님의 구원을 바라고 잠잠히 기다림이 좋은 줄을 깨닫게 하시고

롬 8:25   저희가 보지 못하는 것을 바라면서 참음으로 기다리게 하옵소서

사 26:3   주님께서 심지가 견고한 자를 평강에 평강으로 지키신다고 하셨사오니 저희가 철저히 주님을 의지할 수 있도록 하여 주옵소서

시 130:5   저희 영혼이 하나님을 기다리며 저희가 그 말씀을 바라 보게 하옵소서

시 62:5   저희의 영혼이 잠잠히 하나님만 바라 보게 하옵소서 저희의 소망이 하나님께만 있게 하옵소서

믿음으로 살게 하소서

믿음은 자신을 불신하고 하나님만 신뢰하는 것이다.

신자는 신념으로 살지 않고 신앙으로 사는 사람을 말한다.

엡 3:12 저희가 주님을 믿음으로 말미암아 담대함과 하나님께 당당히 나아가게 하옵소서

엡 3:17 믿음으로 말미암아 그리스도께서 저희 마음에 계시게 하옵시고 저희가 사랑 가운데서 뿌리가 박히고 터가 굳어지게 하옵소서

고후 5:7 저희가 믿음으로 행하고 보는 것으로 하지 않게 하옵소서

딤전 1:5 늘 청결한 마음과 선한 양심과 거짓이 없는 믿음으로 나는 사랑으로 행하게 하옵소서

약 2:17 행함이 없는 믿음은 그 자체가 죽은 것이라고 하였사오니 늘 행함이 있는 믿음을 갖게 하옵소서

엡 6:16 모든 것 위에 믿음의 방패를 가지고 능히 사탄의 권세를 소멸할 수 있게 하옵소서

살전 5:8 저희가 근신하여 믿음과 사랑의 흉배를 붙이고 구원의 소망의 투구를 쓰게 하옵소서

확고한 믿음을 갖게 하소서

우리는 믿음을 갖되, 확고한 믿음을 가져야 한다.

믿음을 가진 후에 흔들려서는 안된다.

딤전 6:12 저희가 믿음의 선한 싸움을 싸우게 하옵스서

히 10:22 저희가 마음에 뿌림을 받아 양심의 악을 깨닫고 몸을 맑은 물로 씻었으니 참 마음과 온전한 믿음으로 하나님께 나아가게 하옵소서

히 11:6 믿음이 없이는 기쁘시게 못하오니 하나님께 나아가는 자는 반드시 그가 계신 것과 또한 그가 자기를 찾는 자들에게 상 주시는 이심을 믿고 나아가게 하옵소서

롬 5:1 그러므로 저희가 믿음으로 의롭다 하심을 얻었으므로 저희 주 예수 그리스도로 말미암아 하나님으로 더불어 화평을 누리게 하옵소서

빌 3:8-10 저희가 주님을 위하여 모든 것을 잃어버리고 배설물로 여기게 하옵시며, 그리스도를 얻고 그 안에서 발견되게 하옵소서. 또한 저희가 그리스도와 그 부활의 권능과 그 고난에 참예하게 하옵소서.

히 10:38 오직 저희가 믿음으로 말미암아 살게 하시며 뒤로 물러나 주님의 마음을 슬프게 하는 일이 있지 않게 하옵소서

대하 20:20 저희가 하나님을 신뢰하게 하옵시며, 하나님 안에 견고히 서게 하옵소서

마 9:29 저희 믿음대로 되게 해 주옵소서

깨달음을 주소서

아무리 많이 배우고 들어도 깨달음에 이르지 못하면

아무런 유익이 없다.

깨달음이 없으면 어리석음에서 벗어나지 못하게 된다.

마 17:20	저희가 만일 믿음이 한 겨자씨만큼만 있으면 이 산을 명하여 여기서 저기로 옮기라 하여도 옮길 것이요 또 저희가 못할 것이 없을 것이오니, 작은 겨자씨만한 믿음이라도 갖게 하옵소서
고후 13:5	저희가 믿음에 있는가 저희 자신을 시험하고 저희 자신을 확증하게 하옵소서. 예수 그리스도께서 저희 안에 계신 줄을 저희가 스스로 알게 하옵소서
갈 2:20	저희가 그리스도와 함께 십자가에 못 박혔나니 그런즉 이제는 저희가 산 것이 아니요 오직 저희 안에 그리스도께서 살게 하옵소서. 이제 저희가 육체 가운데 사는 것은 저희를 사랑하사 저희를 위하여 자기 몸을 버리신 하나님의 아들을 믿는 믿음 안에서 살게 하옵소서
딤후 4:7	저희가 선한 싸움을 싸우고 저희의 달려갈 길을 마치고 믿음을 지키게 하옵소서
딤후 3:15	성경은 능히 저희로 하여금 그리스도 예수 안에 있는 믿음으로 말미암아 구원에 이르는 지혜가 있게 하오니, 늘 성경을 함께 하며 살게 하옵소서
몬 1:6	저희 믿음의 교제가 항상 저희 가운데 있게 하옵소서
사 7:9	만일 저희가 믿음이 없으면 굳게 서지 못하게 될 것이오니, 저희가 늘 믿음에 충실하게 하옵소서
고전 16:13	깨어 믿음에 굳게 서서 남자답게 강건하게 하옵소서

저희와 함께 하옵소서

하나님이 함께 하시면 이 세상에 두려울 것이 없다.

우리는 하나님을 잊을지라도 하나님은 우리를 잊으시는 법이 없다.

요 14:18	주님께서 저희를 고아와 같이 버려두지 아니하고 저희를 항상 지켜 주옵소서
시 139:2	저희의 앉고 일어섬을 아시며 멀리서도 저희의 생각을 모두 아시는 주님, 저희가 주님을 떠나 살지 않게 하옵소서
렘 32:40	주님을 경외함을 저희들의 마음에 두어 주님을 떠나지 않게 하옵소서
사 54:10	산들은 떠나며 작은 산들은 옮길찌라도 주님의 인자는 저희에게서 떠나지 아니할 것을 확신하옵나이다
출 14:14	하나님께서 저희를 위하여 싸워 주옵시며
시 23:4	주님께서 늘 저희와 함께 하여 주심으로 저희가 사망의 음침한 골짜기로 다닐찌라도 해를 두려워하지 않게 하옵소서
시 27:1	하나님은 저희의 빛이요 저희의 구원이시니 저희가 누구를 두려워하지 않게 하시며 하나님은 저희 생명의 능력이시니 저희가 그 누구도 무서워하지 않게 하옵소서
마 1:23	임마누엘 되신 예수님, 항상 예수님이 저희와 함께 하여 주심으로써 임마누엘의 축복이 임하게 해 주옵소서

축복을 내려 주소서

모든 생사화복은 하나님께 달렸다.

우리는 축복을 구하되, 육신의 정욕을 위해서가 아니라

하나님의 영광을 위해서 구해야 한다.

신 28:12 하나님께서 저희를 위하여 하늘의 아름다운 보고를 열으사 저희에게 때를 따라 복을 내려 주옵시고

시 84:5 주님께 힘을 얻고 저희 마음에 시온의 대로가 열리는 복된 자가 되게 하옵소서

요삼 1:2 저희 영혼이 잘 됨같이 저희가 범사에 잘되고 강건하게 하여 주옵소서

시 23:1 하나님은 저희의 목자이시오니 저희가 부족함이 없게 하옵소서

신 28:8 하나님께서 명하사 저희 창고와 저희 손으로 하는 모든 일에 복을 내리시고 하나님께서 저희에게 주시는 땅에서 복을 주옵소서

눅 6:38 주님께서 복을 주시되, 후히 되어 누르고 흔들어 넘치도록 하여 저희에게 안겨 주옵소서.

말 3:10 주님께서 하늘 문을 열고 저희에게 복을 쌓을 곳이 없도록 부어 주옵소서

엡 1:3 하늘에 속한 모든 신령한 복으로 저희에게 복 주시옵소서

렘 7:23 저희가 주님의 명한 모든 길로 행하게 하시며 그리하여 주님께로부터 복을 받게 하옵소서

주님께로 돌아오게 하소서

주님께로 돌아올 때 비로소 축복이 주어진다.

우리가 하나님께로 돌아가면, 하나님께서도

우리에게로 돌아오신다.

롬 1:21 하나님을 알되 하나님으로 영화롭게도 아니하며 감사치도 아니하고 오히려 그 생각이 허망하여지며 미련한 마음이 어두워져 있는 저희를 긍휼히 여겨주옵소서

롬 1:25 하나님의 진리를 거짓 것으로 바꾸어 피조물을 조물주보다 더 경배하고 섬기고 있는 세상 사람들을 긍휼히 여겨 주옵소서

벧전 2:25 전에는 양과 같이 길을 잃었지만 이제는 저희 영혼의 목자되신 주님께로 돌아 오게 하옵소서

롬 6:14 주님의 백성이 되었사오니 더 이상 죄가 저희를 주관치 못하게 하옵소서

시 119:11 저희가 주님께 범죄치 아니하려 하여 주님의 말씀을 저희 마음에 두게 하옵소서

약 1:13 사람이 시험을 받을 때에 저희가 하나님께 시험을 받는다 하지 말게 하옵소서

요일 1:9 만일 저희가 저희 죄를 자백하면 주님께서는 미쁘시고 의로우사 저희 죄를 사하시며 모든 불의에서 저희를 깨끗케 하실 것을 믿사옵나이다

영적으로 살게 하소서

육적으로 사는 사람은 육의 열매를,

영적으로 사는 사람은 영의 열매를 거둔다.

주님의 영으로 살지 않으면, 사탄의 영으로 살게 된다.

시 42:1	하나님이여 사슴이 시냇물을 찾기에 갈급함 같이 저희 영혼이 주님을 찾기에 갈급하게 하옵소서
암 5:4	저희가 주님을 찾음으로써 살아나게 하옵소서
렘 29:13	저희가 전심으로 주님을 찾고 찾게 하시며 주님을 만나게 하옵소서
딤전 5:6	살았으나 죽어 있는 자가 되지 않게 하옵소서
욥 42:5	단순히 귀로 듣기만 하는 주님이 아니라 이제는 눈으로 보는 주님을 만나게 하옵소서
갈 5:25	저희가 성령으로 살며 성령으로 행하게 하옵소서
계 3:18	영적 눈이 뜨여지게 하옵소서
마 15:14	소경이 소경을 인도하는 자가 되지 않게 하옵소서
시 119:125	저희로 깨닫게 하사 주님의 뜻을 알게 하소서

영적으로 강하게 하소서

영적으로 약해지면, 사탄이 그만큼 강하게 역사한다.

이 세상에서 가장 강한 사람은 영적으로 강한 자이다.

삼상 2:26	이 아이가 사무엘처럼 점점 자라면서 하나님과 사람들에게 은총을 더욱 받게 하옵소서
롬 15:1	영적으로 강한 자가 마땅히 연약한 자의 약점을 담당하고 자기를 기쁘게 하지 않게 하옵소서
고전 10:24	성령의 능력으로 누구든지 자기의 유익을 구치 말고 남의 유익을 구하게 하옵소서
갈 4:19	주님의 능력으로 저희 속에 그리스도의 형상이 이루어지게 하옵소서
고후 4:10	저희가 항상 예수님 죽인 것을 몸에 짊어지게 하옵시며 그리하여 예수님의 생명도 저희 몸에 나타나게 하옵소서
갈 3:3	성령으로 시작하였다가 육체로 끝나는 일이 있지 않게 하시며 성령으로 계속될 수 있게 하옵소서
시 119:27	저희로 주님의 법도의 길을 깨닫게 하시며 저희가 주님의 역사하심을 묵상하게 하옵소서
롬 8:3-4	저희가 육신을 좇지 않고 성령을 좇아 행하게 하옵소서

성숙하게 하소서

육체가 성장하듯이, 영도 성장해야 한다.

영적 성숙의 최고 목표는 작은 그리스도가 되는 것이다.

엡 4:15 오직 사랑 안에서 참된 것을 하여 범사에 주님에게까지 자라가게 하옵소서

사 43:8 눈이 있어도 소경이요 귀가 있어도 귀머거리인 저희를 구원하여 주옵소서

사 26:19 주의 죽은 자들은 살아나고 티끌에 거하는 저희가 깨어 노래하게 하옵소서

히 5:14 영적 지각을 사용하므로 연단을 받아 선악을 분변하는 자들이 되게 하옵소서

엡 4:30 하나님의 성령을 근심하지 말게 하옵소서

히 3:14 저희가 시작할 때에 확실한 것을 끝까지 견고히 잡고 나아가게 하옵소서

히 10:23 저희가 믿는 도리의 소망을 움직이지 말고 굳게 잡고 나아가게 하옵소서

시 68:19 날마다 저희 짐을 지시는 주 곧 저희의 구원이신 하나님께 모든 것을 맡기고 성실하게 살아가도록 하옵소서

회개하게 하소서

회개는 가는 길을 근본적으로 돌이키는 것을 의미한다.

회개는 사탄의 자녀였던 내가 하나님의 자녀가 되는, 전환점이다.

마 15:8 입술로는 주님을 존경하되 마음은 주님에게서 멀어져 있는 저희를 불쌍히 여기소서

애 3:40 저희가 스스로 저희 행실을 돌이켜 보고 하나님께로 돌아가게 하옵소서

사 1:3 소는 그 임자를 알고 나귀는 주인의 구유를 알건마는 저희는 주인되신 주님을 알지 못하고 있음을 불쌍히 여겨 주옵소서

사 55:7 악인은 그 길을, 불의한 자는 그 생각을 버리고 하나님께로 돌아가게 하옵시며 그리하여 하나님께서 저들을 긍휼히 여기시고 용서하여 주옵소서

시 32:5 저희 허물을 하나님께 자복하며 저희 죄를 아뢰고 저희 죄악을 숨기지 아니하오니 하나님께서 저희 죄의 악을 사하여 주옵소서

요일 1:9 만일 저희가 저희 죄를 자백하면 주님께서는 미쁘시고 의로우사 저희 죄를 사하시며 모든 불의에서 저희를 깨끗케 하여 주실 것을 믿습니다

롬 8:1-2 그러므로 그리스도 예수 안에 있는 자에게는 결코 정죄함이 없을 것을 믿사옵나이다. 또한 그리스도 예수 안에 있는 생명의 성령의 법이 죄와 사망의 법에서 저희를 해방하여 주심을 감사하옵나이다.

삶이 있게 하소서

삶이 없는 신앙은 죽은 신앙에 지나지 않는다.

신앙과 삶은 일치해야 한다.

마 3:8 그러므로 저희가 회개를 할뿐 아니라, 회개에 합당한 열매를 맺게 하옵소서

빌 2:14 모든 일을 원망과 시비가 없게 하옵소서

딤후 3:17 저희로 모든 선한 일을 행하기에 온전케 하여 주옵소서

롬 2:24 하나님의 이름이 저희로 인하여 이방인 중에서 모독을 받는 일이 있지 않게 하옵소서

롬 6:22 이제는 저희가 죄에서 해방되고 하나님께 종이 되어 거룩함에 이르는 열매를 얻게 하옵소서

엡 1:4 우리로 사랑 안에서 주님 앞에 거룩하고 흠이 없게 하여 주옵소서

롬 12:11 부지런하여 게으르지 말고 열심을 품고 주님을 섬기게 하옵소서

약 4:17 이러므로 사람이 선을 행할줄 알고도 행치 아니하면 죄라고 했사오니, 이제 선을 행할 수 있게 하옵소서

벧전 2:22 죄를 범치 아니하시고 그 입에 아무 잘못도 없으신 주님을 본받게 하옵소서

자유를 얻게 하소서

참 자유는 그리스도 안에서의 자유 뿐이다.

참 자유는 내가 쟁취하는 것이 아니라

그리스도께로부터 받는 선물이다.

롬 8:2	그리스도 예수 안에 있는 생명의 성령의 법이 죄와 사망의 법에서 저희를 해방시켜 주옵소서
롬 6:22	이제는 저희가 죄에게서 해방되고 하나님께 종이 되어 거룩함에 이르는 열매를 얻게 하옵소서
요 8:32	진리를 알므로 진리가 저희를 자유케 하옵소서
요 8:36	그러므로 주님께서 저희를 자유케 하시면 저희가 참으로 자유하게 될 것을 믿사오니
갈 5:1	그리스도께서 저희로 자유케 하려고 자유를 주셨으니 그러므로 굳세게 서서 다시는 종의 멍에를 메지 않도록 해 주옵소서
눅 4:18	포로 된 자에게 자유를, 눈먼 자에게 다시 보게 함을 전파하며 눌린 자를 자유케 하기 위해 오신 주님, 저희에게 참 자유를 허락해 주옵소서
고후 3:17	주는 영이시니 주의 영이 계신 곳에는 자유함이 있다고 하셨사오니, 모든 죄와 사탄과 세상에서 자유함이 있게 해 주옵소서
벧전 2:16	저희가 주님 안에서 자유하나 그 자유로 악을 가리우는 데 쓰지 말고 오직 하나님의 종과 같이 하게 하옵소서

주님의 능력으로 살게 하소서

내 힘으로 살려고 하는 자는 어리석은 자이며,

주님의 능력으로 살려고 하는 자는 지혜로운 자이다.

주님의 능력으로 살지 않는 자는 주님의 능력을 불신하는 자이다.

막 9:23	할 수 있거든이 무슨 말이냐 믿는 자에게는 능치 못할 일이 없느니라 고 하셨사오니
슥 4:6	힘으로 되지 아니하며 능으로 되지 아니하고 오직 나의 신으로 된다고 하셨사오니, 오직 하나님의 능력으로서만 이루어지게 하옵소서
마 19:26	사람으로는 할 수 없으되 하나님으로서는 다 할 수 있음을 믿습니다
욥 42:2	주님께서는 전지전능하시오며 무슨 경영이든지 못 이루실 것이 없으실 줄 믿습니다
빌 4:13	저희에게 능력 주시는 자 안에서 저희가 모든 것을 할 수 있을 것을 믿습니다.
롬 8:37	이 모든 일에 저희를 사랑하시는 하나님으로 말미암아 저희가 넉넉히 이기게 하옵소서
사 40:31	늘 하나님을 앙망하게 하사 새 힘을 얻게 하시며, 독수리의 날개치며 올라감 같게 하시사, 달음박질하여도 곤비치 아니하겠고 걸어가도 피곤치 않게 하옵소서
고후 12:10	저희가 그리스도를 위하여 약한 것들과 능욕과 궁핍과 핍박과 곤란을 기뻐하게 하시며, 저희가 약할 그 때에 곧 강하다는 사실을 깨닫게 하옵소서
빌 4:13	저희에게 능력 주시는 주님 안에서 저희가 모든 것을 할 수 있게 하옵소서
고후 12:9	그리스도의 능력으로 항상 저희에게 머물게 하옵소서
엡 1:19	주님의 힘의 강력으로 역사하심을 따라 믿는 저희에게 베푸신 능력의 지극히 크심이 어떤 것을 저희로 알게 하여 주옵소서

# 말씀대로 살게 하소서

예수님은 말씀과 행위가 일치하셨다.

예수님을 따르는 신자들도 그러해야 한다.

우리 속에는 그리스도의 말씀이 항상 풍성히 거하고 있어야 한다.

히 4:12	하나님의 말씀은 살았고 운동력이 있어 좌우에 날선 어떤 검보다도 예리하여 혼과 영과 및 관절과 골수를 찔러 쪼개기까지 하며 또 마음의 생각과 뜻을 감찰하시오니
벧전 1:23	저희가 거듭난 것이 썩어질 씨로 된 것이 아니요 썩지 아니할 씨로 된 것이니 하나님의 살아 있고 항상 있는 말씀으로 되었음을 믿습니다
마 25:35	천지는 없어지겠으나 주님 말씀은 없어지지 아니할 것을 믿습니다
마 5:18	진실로 저희에게 이르노니 천지가 없어지기 전에는 율법의 일점 일획이라도 반드시 없어지지 아니하고 다 이루어 질 것을 아옵나니
요 8:31-32	저희가 주님 말씀에 거함으로 주님의 참 제자가 되게 하옵소서
시 32:8	주님께서 저희의 갈 길을 가르쳐 보이고 저희를 주목하여 훈계하여 주옵소서
마 4:4	저희가 떡으로만 살 것이 아니요 하나님의 입으로 나오는 모든 말씀으로 살게 하옵소서
엡 1:13	저희가 진리의 말씀 곧 저희의 구원의 복음을 듣고 그 안에서 또한 믿어 약속의 성령으로 인치심을 받은 사실을 깨닫게 하옵소서
시 119:124	주님의 인자하신 대로 주님의 율례로 저희에게 가르치소서

말씀의 능력을 갖게 하소서

씨앗 안에 생명력이 있듯이, 말씀 안에 영적 생명력이 있다.

누가 말을 하려면 하나님이 말씀하시듯이 해야 한다.

엡 6:16	구원의 투구와 성령의 검 곧 하나님의 말씀을 가지게 하옵소서
시 119:1	항상 저희 행위가 완전하여 하나님의 법에 행하는 자가 되게 하옵소서
시 119:5	저희 길을 굳게 하여 주시고 주님의 율례를 지키게 하소서
시 119:26	주님, 주님의 율례를 저희에게 가르치소서
시 119:30-31	저희가 성실한 길을 택하고 주님의 규례를 저희 앞에 두게 하시며 저희가 주님의 말씀을 가까이하게 하시사 저희로 어려움을 당하지 않게 하옵소서
시 119:35	저희로 주님의 말씀의 지름길로 행하게 하옵소서. 저희가 주님의 말씀을 즐거워하게 하옵소서
시 119:36-37	저희 마음을 주님의 말씀으로 향하게 하시고 탐욕으로 향하지 말게 하옵소서. 저희 눈을 돌이켜 허탄한 것을 보지 말게 하시고 주님의 말씀으로 저희를 소성케 하소서
시 119:63	저희가 늘 주님을 경외하며 주님의 법도를 지키게 하옵소서
행 19:20	주님의 말씀이 힘이 있어 흥왕하게 하옵시고

말씀을 사모하게 하소서

말씀은 그냥 읽는 것이 아니라 사모하는 것이 되어야 한다.

말씀을 성경에만 머물러 있도록 할 것이 아니라 내 속에

들어와 있도록 해야 한다.

벧전 2:2 갓난 아이같이 순전하고 신령한 젖을 사모하게 하옵소서

수 1:8 주님의 말씀을 저희 입에서 떠나지 말게 하며 주야로 그것을 묵상하여 그 가운데 기록한대로 다 지켜 행할 수 있도록 하여 주옵소서. 그리하면 주님께서는 저희 길을 평탄하게 하며 형통케 해 주실 것을 믿습니다.

시 119:10 저희가 전심으로 주님을 찾게 하시고 주님의 계명에서 떠나지 말게 하소서

잠 4:20 주님 말씀에 주의하며 주님께서 가르치시는 것에 저희 귀를 기울이게 하옵소서

마 4:4 사람이 떡으로만 살 것이 아니요 하나님의 입으로 나오는 모든 말씀으로 살 것이라 하셨사오니, 하나님의 말씀을 소중히 여기게 하옵소서

시 119:11 저희가 주님께 범죄치 않기 위해 주님의 말씀을 저희 마음에 두게 하옵소서

시 119:16 주님의 율례를 즐거워하며 주님의 말씀을 잊지 않게 하옵소서

시 119:18 저희 눈을 열어서 주님의 법의 기이한 것을 보게 하소서

시 119:24 주님의 말씀이 저희의 즐거움이요 저희의 지혜가 되게 하옵소서

주님의 은혜를 바랍니다

주님의 은혜를 떠난 인간은 메마른 광야와 같은 존재가 된다.

우리의 구원도 오직 주님의 은혜로 이루어졌듯이,

우리의 삶도 오직 주님의 은혜로 이루어져야 한다.

롬 3:24   그리스도 예수 안에 있는 구속으로 말미암아 하나님의 은혜로 값없이 의롭다 하심을 얻은 자 되게 하시니 참으로 감사하옵나이다

엡 2:12   과거에 저희는 그리스도 밖에 있었고 세상에서 소망이 없고 하나님도 없는 자이었는데, 이와같이 하나님의 백성이 되게 해 주시니 그 은혜에 감사를 드리옵나이다

딤후 1:9   하나님이 저희를 구원하사 거룩하신 부르심으로 부르심은 저희의 행위대로 하심이 아니요 오직 하나님의 뜻과 영원한 때 전부터 그리스도 예수 안에서 저희에게 주신 은혜대로 하신 줄 아옵나니

엡 2:8   저희가 그 은혜를 인하여 믿음으로 말미암아 구원을 얻었나니 이것이 저희에게서 난 것이 아니요 하나님의 선물임을 깨닫게 하옵소서

딛 3:5   저희를 구원하시되 저희의 행한바 의로운 행위로 말미암지 아니하고 오직 주님의 긍휼하심을 좇아 중생의 씻음과 성령의 새롭게 하심으로 하신 줄을 믿게 하옵소서

골 1:13-14   저희를 흑암의 권세에서 건져내사 주님의 은혜 가운데 살게 하옵소서

승리의 삶을 살게 하소서

그리스도인의 삶에는 실패라는 말이 있어서는 안된다.

승리는 내가 이루는 것이 아니라

하나님께서 이루어주시도록 해야 한다.

마 12:20	상한 갈대를 꺾지 아니하며 꺼져가는 심지를 끄지 아니하기를 심판하여 이길 때까지 하시는 주님, 주님의 능력이 나타나게 하옵소서
롬 13:14	오직 주 예수 그리스도로 옷입고 육신의 일을 도모하지 않게 하옵소서
고후 4:8-9	저희가 사방으로 우겨쌈을 당하여도 싸이지 아니하며 답답한 일을 당하여도 낙심하지 아니하며 핍박을 받아도 버린 바 되지 아니하며 거꾸러뜨림을 당하여도 망하지 아니하게 하옵소서
고후 10:3-4	저희가 육체에 있어 행하나 육체대로 싸우지 않게 하시며 저희의 싸우는 병기는 육체에 속한 것이 아니요 오직 하나님 앞에서 견고한 진을 파하는 강력이 되게 하옵소서
시 119:28	저희의 영혼이 눌림을 인하여 녹사오니 주님의 말씀대로 저희를 세워 주소서
시 119:141	저희가 때론 미천하여 멸시를 당하나 주님의 법도를 잊지 않고 승리하게 하소서
사 43:2	저희가 물 가운데로 지날 때에 주님께서 함께하시며, 강을 건널 때에 물이 저희를 침몰치 못할 것이며 저희가 불 가운데로 행할 때에 타지도 아니할 것이요 불꽃이 저희를 사르지도 못한다고 약속하여 주셨사오니, 어떠한 환난 가운데서도 저희가 승리하게 하옵소서
골 2:15	저희가 십자가로 승리할 수 있게 하옵소서

전도를 원합니다

전도는 강요에 의해서가 아니라 자발적으로 해야 한다.

전도는 궁극적으로 내가 하는 것이 아니라

하나님이 하시는 것이다.

합 2:14 물이 바다를 덮음 같이 하나님 여호와의 영광을 인정하는 것이 세상에 가득하게 하옵소서
사 60:1 일어나 빛을 발하게 하옵소서
시 118:17 저희가 항상 하나님의 행사를 선포하게 하옵소서
마 28:20 주님께서 저희에게 분부한 모든 것을 가르쳐 지킬 수 있도록 하옵소서. 주님께서 세상 끝날까지 저희와 항상 함께 하시겠다는 약속의 말씀대로 항상 계시옵소서
시 73:28 하나님께 가까이 함이 저희에게 복이 되게 하시며, 저희가 주 하나님을 저희의 피난처로 삼아 주님의 모든 행사를 전파하게 하옵소서
시 35:28 저희의 혀가 주님의 의를 증거하며 종일토록 주님을 찬송하게 하옵소서
시 51:15 주여 저희 입이 주님을 찬송하여 전파하게 하옵소서

주님께 헌신하게 하소서

세상의 이념을 위해서도 목숨을 바치는 자가 많이 있다.

하나님의 나라를 위해 목숨을 바치는 것은

특별한 일로 생각할 필요가 없다.

헌신된 신자는 평범한 신자의 10배,

100배의 몫을 감당할 수 있다.

딤후 2:15	저희가 진리의 말씀을 옳게 분변하며 부끄러울 것이 없는 일군으로 인정된 자로 자신을 하나님 앞에 드리기를 힘쓰는 자가 되게 하옵소서
롬 14:8	저희가 살아도 주님을 위하여 살고 죽어도 주님을 위하여 죽게 하시며 사나 죽으나 저희가 주님의 것이 되게 하옵소서
롬 6:13-14	저희 지체를 불의의 병기로 죄에게 드리지 말고 오직 저희 자신을 죽은 자 가운데서 다시 산 자 같이 하나님께 드리게 하시며, 저희 지체를 의의 병기로 하나님께 드리게 하옵소서. 죄가 저희를 주관치 못하게 하시며, 저희가 항상 하나님의 은혜 아래 있게 하옵소서
롬 12:1	저희 몸을 하나님이 기뻐하시는 거룩한 산 제사로 드리게 하시며, 이것이 저희의 드릴 영적 예배가 되게 하옵소서
롬 12:2	저희가 이 세대를 본받지 말고 오직 마음을 새롭게 함으로 변화를 받아 하나님의 선하시고 기뻐하시고 온전하신 뜻이 무엇인지 분별할 수 있게 하옵소서
롬 12:3	저희가 마땅히 생각할 그 이상의 생각을 품지 말고 오직 하나님께서 저희에게 나눠주신 믿음의 분량대로 지혜롭게 생각하며 살아갈 수 있도록 해 주옵소서
고전 7:20	각 사람이 부르심을 받은 그 부르심 그대로 행하게 하옵소서
벧전 1:13-15	저희 마음의 허리를 동이고 근신하며, 주님께서 저희에게 가져올 은혜를 온전히 바라게 하옵소서. 저희가 이전 알지 못할 때에 좇던 저희 사욕을 본 삼지 말게 하시며, 오직 저희를 부르신 거룩한 자처럼 저희도 모든 행실에 거룩한 자가 되게 하옵소서

확신을 갖게 하소서

확신이 없는 신앙은 바람에 요동치는

물결과 같이 항상 요동하게 된다.

세상의 것에 대한 그 어떠한 확신보다

주님의 것에 대한 확신을 가져야 한다.

빌 1:6	저희 속에 착한 일을 시작하신 이가 그리스도 예수의 날까지 이루실 줄을 저희가 확신하옵나이다
갈 6:9	저희가 선을 행하되 낙심하지 않게 하옵소서 피곤하지 아니하면 때가 이르매 거둘 수 있게 하옵소서
롬 8:31	만일 하나님이 저희를 위하시면 누가 저희를 대적하겠사옵나이까
롬 8:37	모든 일에 저희를 사랑하시는 주님으로 말미암아 저희가 넉넉히 이기게 하여 주옵소서
히 10:23	저희가 믿는 도리의 소망을 움직이지 말고 굳게 잡을 수 있게 하옵소서
롬 8:28	하나님을 사랑하는 자 곧 그 뜻대로 부르심을 입은 자들에게는 모든 것이 합력하여 선을 이루어 질 줄 믿습니다
시 55:22	저희 짐을 하나님께 맡겨 버리게 하옵소서. 하나님께서 저희를 붙드시고 저희의 요동함을 영영히 허락지 않도록 하여 주옵소서
살전 5:24	저희를 부르시는 주님께서는 신실하시므로, 또한 주님께서 이루어 주실 줄 믿습니다
빌 1:6	저희 속에 착한 일을 시작하신 이가 그리스도 예수의 날까지 이루실 줄을 저희가 확신하게 하옵소서

하나님의 인도를 바랍니다

세상의 것들은 우리를 잘못 인도하기도 하지만,

하나님은 항상 우리를 올바른 길로 인도하신다.

내가 하나님을 인도하려 해서는 안되고,

하나님이 나를 인도하시도록 해야 한다.

삼상 12:22	하나님께서는 저희로 자기 백성 삼으신 것을 기뻐하신고로 그 크신 이름을 인하여 당신의 백성들을 올바른 길로 인도하여 주옵소서
시 23:6	저희의 평생에 선하심과 인자하심이 정녕 저희를 따르게 하시며 저희가 하나님의 집에 영원히 거할 수 있게 하옵소서
사 58:11	저희를 항상 인도하여 고난 가운데서도 저희 영혼을 만족케 하옵소서
사 55:12	저희가 주님께 기쁨으로 나아가며 평안히 인도함을 받게 하옵소서
시 48:14	하나님께서 영원히 우리 하나님이 되시오니 저희를 죽을 때까지 인도하실 것을 믿습니다
잠 16:9	사람이 마음으로 자기의 길을 계획할지라도 그 걸음을 인도하는 자는 하나님이라는 사실을 알게 하옵소서
잠 3:5-6	저희가 마음을 다하여 하나님을 의뢰하고 저희 명철을 의지하지 않게 하옵소서. 범사에 하나님을 인정하면 하나님께서는 저희 길을 인도하실 것을 믿습니다.
시 32:8	주님께서 저희의 갈 길을 가르쳐 보이고 저희를 주목하여 훈계하여 주옵소서
갈 5:16	저희가 성령을 좇아 행하게 하시고 그리함으로 육체의 욕심을 이루지 아니하도록 하여 주옵소서
눅 12:31	저희가 먼저 주님의 나라를 구하게 하옵소서. 그리하면 이 모든 것을 저희에게 더하여 주실 줄 믿습니다

늘 기도하게 하소서

호흡이 없는 삶은 육적 죽음이듯이,

기도 없는 삶은 영적 죽음이다.

기도는 불가능을 가능으로 바꾸는 위대한 힘이 있다.

엡 6:18	모든 기도와 간구로 하되 무시로 성령 안에서 기도하고 이를 위하여 깨어 구하기를 항상 힘쓰며 여러 성도를 위하여 구하게 하옵소서
요일 5:14-15	주님을 향하여 저희의 가진바 담대한 것이 이것이니 주님의 뜻대로 무엇을 구하면 들으시며, 저희가 무엇이든지 구하는 바를 주님께서는 들으시는 줄을 알며, 또한 저희가 그에게 구한 그것을 얻은 줄도 아옵나니 항상 주님 뜻대로 기도하는 저희가 되게 하옵소서
요 15:7	저희가 주님 안에 거하고 주님 말씀이 저희 안에 거함으로써 무엇이든지 원하는대로 구할 수 있게 하옵소서
시 40:1	하나님이여, 귀를 기울이사 저희의 부르짖음을 들어 주옵소서
빌 4:6	아무 것도 염려하지 말고 오직 모든 일에 기도와 간구로, 저희 구할 것을 감사함으로 하나님께 아뢰게 하옵소서
약 1:5	저희 중에 누구든지 지혜가 부족하거든 모든 사람에게 후히 주시고 꾸짖지 아니하시는 하나님께 구하게 하옵소서 그리하면 반드시 주실 것을 믿사옵나이다
렘 33:3	저희가 주님께 부르짖을 때 주님께서 저희에게 응답하시며, 저희가 알지 못하는 크고 비밀한 일을 보여 주옵소서
막 11:24	무엇이든지 기도하고 구하는 것은 받은 줄로 믿게 하옵소서
요 14:13	저희가 주님 이름으로 무엇을 구하든지 주님께로부터 응답을 받을 수 있게 하여 주옵소서
엡 3:20	저희 가운데서 역사하시는 능력대로 저희의 온갖 구하는 것이나 생각하는 것에 더 넘치도록 능히 역사하여 주옵소서

자아부인(否認)을 원합니다

자아는 하나님의 원수가 되므로 부인(否認)되어야 한다.

자아가 살아있는 것만큼 나는 파멸과 고통을 당하게 된다.

마 16:24 저희 자아를 부인하고 자기 십자가를 지고 주님을 좇게 하옵소서

롬 12:21 악에게 지지 말고 선으로 악을 이기게 하여 주옵소서

살전 5:22 어떤 모양의 악이든지 악은 버리게 하여 주옵소서

렘 4:14 저희 마음의 악을 씻어 버리게 하옵시며 그리하여 구원을 얻게 하옵소서

시 32:5 저희 허물을 하나님께 자복하며 저희 죄를 아뢰고 저희 죄악을 숨기지 아니하오니 하나님께서 저희 죄악을 사하여 주옵소서

갈 2:20 저희가 그리스도와 함께 십자가에 못 박혔나니 그런즉 이제는 저희가 산 것이 아니요 오직 저희 안에 그리스도께서 살게 하옵소서. 이제 저희가 육체 가운데 사는 것은 저희를 사랑하사 저희를 위하여 자기 몸을 버리신 하나님의 아들을 믿는 믿음 안에서 살게 하옵소서

롬 6:6 우리 옛 사람이 예수와 함께 십자가에 못 박힘으로 죄의 몸이 멸하여 다시는 우리가 죄에게 종노릇 하지 않도록 해 주옵소서

마 6:19 보물을 세상 사람들처럼 땅에 쌓아두지 않고 하늘에 쌓아 두게 하옵소서

평안하게 하소서

주님께서 주시는 평안은 일시적 평안이 아니라 영원한 평안이다.

우리는 세속적 평안보다 영적 평안을 추구해야 한다.

마 11:28	수고하고 무거운 짐진 저희들이 다 주님께로 나아가 쉼을 얻게 하옵소서
살후 3:16	평강의 주께서 친히 때마다 일마다 저희에게 평강을 주옵소서
시 107:30	저희가 평온함을 인하여 기뻐하는 중에 하나님께서 저희를 소원의 항구로 인도하여 주옵소서
시 119:165	주님의 법을 사랑하는 자에게는 큰 평안이 있다고 하셨사오니 저희가 주님의 법을 사랑하므로 평안을 얻게 하시며 저희에게 장애물이 있지 않게 하옵소서
고전 14:33	하나님은 어지러움의 하나님이 아니요 오직 화평의 하나님이라고 하셨사오니, 늘 불화대신 화평이 있게 하옵소서.
약 3:16-18	시기와 다툼이 있는 곳에는 요란과 모든 악한 일이 있다고 했사오니, 저희가 늘 화평으로 심어 의의 열매를 거두게 하옵소서
시 29:11	하나님께서 저희에게 힘을 주시며 평강의 복을 주시옵소서
롬 5:1	항상 주 예수 그리스도로 말미암아 하나님으로 더불어 화평을 누리게 하옵소서
골 3:15	그리스도의 평강이 저희 마음을 주장하게 하옵소서

기뻐하게 하소서

주님 안에 거할 때만 참 기쁨을 누릴 수 있다.

주님을 벗어나서도 참 기쁨을 얻을 수 있다고

생각하는 것은 어리석은 일이다.

빌 4:4 주님 안에서 항상 기뻐하게 하옵소서

사 55:2 저희가 양식 아닌 것을 위하여 은을 달아 주며 배부르게 못할 것을 위하여 수고하지 않도록 하옵소서. 주님을 청종하며, 하늘의 기름진 것으로 즐거움을 얻게 하옵소서

사 12:3 저희가 기쁨으로 구원의 우물들에서 물을 긷는 날이 오게 하실 줄 믿습니다

사 35:1 광야와 메마른 땅이 기뻐하며 사막이 백합화 같이 피어 즐거워하듯이, 광야같고 사막같은 저희 심령 속에 기쁨과 즐거움이 넘치게 하옵소서

사 11:3 하나님을 경외함으로 즐거움을 삼게 하옵소서

전 2:26 하나님이 그 기뻐하시는 자에게는 지혜와 지식과 희락을 주신다고 약속하셨사오니, 저희가 하나님이 기뻐하시는 자가 될 수 있도록 해 주옵소서

시 30:5 주님의 노여움은 잠간이요 그 은총은 평생이라고 하셨사오니 저녁에는 울음이 가득찰찌라도 아침에는 기쁨이 오게 하여 주실 줄 믿습니다

시 118:24 저희가 주님의 능력 안에서 즐거워하고 기뻐하게 하옵소서

치유받길 원합니다

치유는 궁극적으로 하나님만이 하시는 일이다.

육체적 치유를 받는 일보다 더 중요한 것은

영적 치유를 받는 일이다.

사 38:16	주여 사람의 사는 것이 주님께 있고 저희 생명도 온전히 거기 있사오니 원컨대 저희를 치료하시며 저희를 살려주옵소서
말 4:2	의로운 해가 떠올라서 치료하는 광선을 발하시사 저희가 나가서 외양간에서 나온 송아지 같이 뛸 수 있게 하옵소서
사 41:10	주님께서 저희와 함께 하시사 두려워 말게 하시며, 주님께서 저희 하나님이 되시므로 놀라지 않게 하옵소서. 주님께서 저희를 굳세게 하시며 참으로 저희를 도와 주시며 참으로 주님의 의로운 오른손으로 저희를 붙들어 주옵소서
사 53:5	주님께서 찔림은 저희의 허물을 인함이요 주님께서 상함은 저희의 죄악을 인한 사실을 깨닫게 하옵소서. 주님께서 징계를 받음으로 저희가 평화를 누리고 주님께서 채찍에 맞음으로 저희가 나음을 입게 하옵소서
벧전 2:24	주님께서 친히 나무에 달려 그 몸으로 저희 죄를 담당하셨으니 이는 저희로 죄에 대하여 죽고 의에 대하여 살게 하려 하심을 믿습니다. 주님께서 채찍에 맞음으로 저희가 나음을 얻게 하시니 감사하옵나이다
시 103:3-4	주님께서 저희 모든 죄악을 사하시며 저희 모든 병을 고치시며 저희 생명을 파멸에서 구속하시고 인자와 긍휼로 관을 씌워 주옵소서
시 107:20	주님께서 저희를 고치사 환난에서 건져 주옵소서
약 5:15	믿음의 기도는 병든 자를 구원하리니 주님께서 저희를 일으키시리라 혹시 죄를 범하였을찌라도 사하심을 얻으리라고 하신 약속의 말씀이 이루어지게 하옵소서

변화받길 원합니다

인간은 누구나 하나님의 손에 의해 변화를 받아야 한다.

한번 변화받았다고 만족하면 안된다. 끊임없는 변화가 필요하다.

롬 6:12	죄로 저희 죽을 몸에 왕노릇하지 못하게 하며 몸의 사욕을 순종치 않게 하옵소서
벧후 1:4	주님께서 그 보배롭고 지극히 큰 약속을 저희에게 주사 이 약속으로 말미암아 저희로 정욕을 인하여 세상에서 썩어질 것을 피하여 주님의 성품에 참예하는 자가 되게 하옵소서
엡 4:17	이제부터는 이방인이 그 마음의 허망한 것으로 행함 같이 저희가 행하지 않게 하옵소서
엡 4:22-24	저희가 유혹의 욕심을 따라 썩어져 가는 구습을 좇는 옛 사람을 벗어 버리고 오직 심령으로 새롭게 되어 하나님을 따라 의와 진리의 거룩함으로 지으심을 받은 새 사람을 입을 수 있게 해 주옵소서
엡 5:8	저희가 전에는 어두움이었지만 이제는 주 안에서 빛이 되게 하셨사오니 빛의 자녀들처럼 행하게 하옵소서
고후 5:17	그런즉 누구든지 그리스도 안에 있으면 새로운 피조물이라 이전 것은 지나갔으니 보라 새 것이 되었도다 하고 약속하셨사오니 이제 새사람이 되게 하옵소서

하나님의 보호를 바랍니다

우리는 하나님이 보호를 해 주셔야 참 보호를 받을 수 있다.

사탄에게서 우리를 보호해 주실 분은 하나님뿐이시다.

시 43:2	저희의 힘이 되신 하나님께서 저희를 버리지 않게 하시며 슬프게 다니지 않게 하옵소서
시 97:10	저희 영혼을 보전하사 악인의 손에서 건져 주옵소서
사 26:3	주께서 심지가 견고한 자를 평강에 평강으로 지키시며 주님만을 의지할 수 있게 하옵소서
시 34:7	주님께서, 주님을 경외하는 자를 둘러 진 치고 보호해 주옵소서
요 10:27-28	주님의 양된 저희가 주님 음성을 들으며 살게 하옵소서. 그리함으로 저희를 주님 손에서 빼앗을 자가 아무도 없게 해 주옵소서
살후 3:3	주님께서는 미쁘사 저희를 굳게 하시고 악한 자로부터 지켜 주옵소서
시 17:8	저희를 눈동자 같이 지키시고 주님의 날개 그늘 아래 감추어 주옵소서
시 91:11	주님께서 저희가 행하는 모든 일에 저희를 지켜 주옵소서

하나님, 도와주소서

무신론자도 위급할 때는 하나님을 찾는다.

하나님의 도움을 청하지 않는 것은 교만 때문이다.

잠 3:25-26 하나님은 저희의 의지할 자이시오니 저희 발을 지켜 걸리지 않게 하여 주옵소서

시 56:11 저희가 하나님을 의지하며 두려워 않게 하옵소서

요일 4:18 사랑 안에 두려움이 없고 온전한 사랑이 두려움을 내어 쫓는다고 하셨사오니, 주님께 대한 온전한 사랑을 갖게 하옵소서

신 33:27 영원하신 하나님이 저희의 처소가 되시니 그 영원하신 팔이 저희 아래 있음을 믿습니다. 또 한 하나님께서 저희 앞에서 대적을 쫓으시며 멸하게 하실 줄 믿습니다

히 13:6 주님께서는 저희를 돕는 자시니 저희가 세상의 어떤 것도 무서워 하지 않게 하옵소서

살후 3:3 주님께서는 미쁘사 저희를 굳게 하시고 악한 자에게서 지켜 주시고 도와옵소서

시 97:10 악을 미워하게 하옵소서. 주님께서 저희의 영혼을 보전하사 악인의 손에서 건짐을 받게 하옵소서

살후 3:3 주님께서는 미쁘사 저희를 굳세게 하시고 악한 자에게서 지켜 주옵소서

시 97:10 악을 미워하게 하시며 주님께서 저희의 영혼을 보전하사 악인의 손에서 건짐을 받게 하옵소서

사탄을 대적하게 하소서

우리가 사탄을 대적하지 않으면 사탄의 침공을 당하고 만다.

사탄의 대적은 궁극적으로 하나님께 맡겨야 한다.

엡 6:13	저희가 하나님의 전신갑주를 취하게 하옵소서. 악한 날에 저희가 사탄을 능히 대적할 수 있게 하옵소서
약 4:7	하나님께 순종하며, 마귀를 대적하게 하옵소서
요일 3:8	하나님의 아들이 나타나신 것은 마귀의 일을 멸하려 하심이라고 하신 주님, 저희가 주님의 능력으로 마귀를 멸할 수 있게 하여 주옵소서
요일 2:14	저희가 성령의 능력으로 강하고 하나님의 말씀이 저희 속에 거하시고 흉악한 사탄을 이길 수 있게 하옵소서
엡 4:27	마귀로 틈을 타지 못하게 하옵소서
벧전 5:8-9	대적 마귀가 우는 사자 같이 두루 다니며 삼킬 자를 찾고 있는 이때에 근신하고 깨어 지내게 하옵소서. 믿음을 굳게 하며 마귀를 대적할 수 있도록 하옵소서
신 33:27	영원하신 하나님이 저희의 처소가 되시며, 그 영원하신 팔이 저희 아래 항상 있게 하옵소서. 하나님께서 저희 앞에서 대적을 쫓으시며 멸하게 하옵소서
고후 2:11	저희로 사탄에게 속지 않게 하옵소서. 그 궤계를 잘 깨달아 알게 하옵소서
마 4:10	사탄을 물리치며, 주 하나님께만 경배하고 섬기게 하옵소서

섬김의 삶을 살게 하소서

다른 사람을 섬기는 일은 오직 하나님의 능력으로써만 가능하다.

그리스도께서 우리를 섬겼듯이,

우리도 이웃을 섬기는 것이 마땅하다.

마 23:11　　다른 사람을 섬기는 자가 되게 하여 주옵소서

신 13:4　　저희가 하나님을 순종하고 경외하며 그 명령을 지키며 그 목소리를 청종하며 하나님을 섬기게 하옵소서

마 6:24　　저희가 하나님과 재물을 겸하여 섬기지 않게 하옵소서

수 22:5　　저희 하나님을 사랑하고 그 모든 길로 행하며 그 계명을 지켜 그에게 친근히 하며, 저희의 마음을 다하고 성품을 다하여 그를 섬기게 하옵소서

삼상 12:20-21　오직 저희 마음을 다하여 하나님을 섬기게 하옵소서. 하나님께로부터 돌이켜 유익하게도 못하며 구원하지도 못하는 헛된 것을 좇지 말게 하옵소서

대상 28:9　　하나님을 알고 온전한 마음과 기쁜 뜻으로 섬기게 하옵소서

시 100:2-3　기쁨으로 하나님을 섬기며 노래하면서 그 앞에 나아가게 하옵소서. 하나님이 저희 하나님이신줄 저희가 알게 하옵소서. 우리 하나님은 저희를 지으신 분이시요 저희는 하나님의 것이니 하나님의 백성이요 하나님의 기르시는 양임을 알게 하옵소서

더불어 살게 하옵소서

하나님은 창조 때부터 인간을 혼자 살도록 만드시지 않았다.

인간은 그냥 하나가 아니라 사회 속에서의 하나이다.

갈 6:2	저희가 짐을 서로 지게 하시며 그리하여 그리스도의 법을 성취하게 하옵소서
롬 15:4-5	하나님께서 저희로 그리스도 예수를 본받아 서로 뜻이 같게 하여 주옵소서
히 12:14	모든 사람으로 더불어 화평함과 거룩함을 좇게 하옵소서
갈 6:10	그러므로 저희가 기회 있는 대로 모든 이에게 착한 일을 하되 더욱 믿음의 가정들에게 하게 하옵소서
롬 12:10-11,13	성도들의 쓸 것을 공급하며 손 대접하기를 힘쓰게 하옵소서. 형제를 사랑하여 서로 우애하고 존경하기를 서로 먼저 하며 부지런하여 게으르지 말고 열심을 품고 주님을 섬기게 하옵소서
벧전 4:10	각각 은사를 받은 대로 하나님의 각양 은혜를 맡은 선한 청지기 같이 서로 봉사하게 하옵소서

형통하고 풍성한 삶을 원합니다

사탄은 인간에게 파멸을 주지만 하나님은 풍성한 삶을 주신다.

형통하게 되는 유일한 길은 주님을 잘 따르는 것 뿐이다.

사 55:11	저희가 주님의 뜻을 이루며 주님이 명하신 모든 일에 형통하게 하옵소서
딛 3:6	성령을 저희 구주 예수 그리스도로 말미암아 저희에게 풍성히 부어 주옵소서
요삼 1:2	영혼이 잘 됨같이 저희가 범사에 잘되고 강건하게 하옵소서
고후 9:6	적게 심는 자는 적게 거두고 많이 심는 자는 많이 거두는 사실을 잘 깨닫게 하여 주옵소서
고후 9:7	저희가 주님께 드리되, 각각 그 마음에 정한대로 할 것이요 인색함으로나 억지로 하지 않게 하옵소서.
고후 9:8	하나님이 능히 모든 은혜를 저희에게 넘치게 하시사 저희로 모든 일에 항상 넉넉하여 모든 착한 일을 넘칠 수 있도록 하여 주옵소서
수 1:8	주님의 말씀을 저희 입에서 떠나지 달게 하며 주야로 그것을 묵상하여 그 가운데 기록한대로 다 지켜 행할 수 있도록 하여 주옵소서. 그리하면 주님께서는 저희 길을 평탄하게 하며 형통케 해 주실 것을 믿습니다

주님과의 사랑을 원합니다

주님이 우리를 위해 목숨을 걸고 사랑하셨듯이,

우리 역시 그러해야 한다.

우리가 주님을 먼저 사랑한 것이 아니라,

주님이 우리를 먼저 사랑하셨다.

시 18:1 저희의 힘이 되신 여호와여 저희가 주님을 사랑하게 하옵소서

신 6:5 마음을 다하고 성품을 다하고 힘을 다하여 하나님 여호와를 사랑하게 하옵소서

요일 4:10 저희가 하나님을 사랑한 것이 아니요 오직 하나님이 저희를 사랑하사 저희 죄를 위하여 화목제물로 아들되신 예수님을 보내 주심을 감사하옵나이다

고후 5:21 하나님이 죄를 알지도 못하신 예수님으로 저희를 대신하여 죄를 삼으신 것은 저희를 향하신 하나님의 사랑 때문임을 믿습니다

요 15:9 저희가 항상 주님의 사랑 안에 거하게 하옵소서

롬 5:5 저희에게 주신 성령으로 말미암아 하나님의 사랑이 저희 마음에 부은바 되게 하옵소서

롬 5:8 저희가 아직 죄인 되었을 때에 그리스도께서 저희를 위하여 죽으심으로 하나님께서 저희에게 대한 자기의 사랑을 확증하여 주심을 믿습니다

렘 31:3 주님께서 저희를 영원한 사랑으로 사랑하여 주시오니

이웃을 사랑하게 하소서

그리스도인의 이웃 사랑은 세상 사람들의

이웃 사랑보다 훨씬 강해야 한다.

이웃을 사랑하는 것은 곧 자기를 사랑하는 것이다.

막 12:31	저희 이웃을 저희 몸같이 사랑할 수 있도록 해 주옵소서
고전 16:14	저희 모든 일을 사랑으로 행하게 하옵소서
엡 3:17-19	믿음으로 말미암아 그리스도께서 저희 다음에 계시게 하옵시고 저희가 사랑 가운데서 뿌리가 박히고 터가 굳어져서 능히 모든 성도와 함께 지식에 넘치는 그리스도의 사랑을 알아 그 넓이와 길이와 높이와 깊이가 어떠함을 깨달아 하나님의 모든 충만하신 것으로 저희에게 충만하게 하옵소서
요 13:34-35	주님께서 저희를 사랑한 것 같이 저희도 서로 사랑하므로 모든 사람이 저희가 주님의 제자인줄 알게 하옵소서
요일 4:11	하나님이 저희를 사랑하셨은즉 저희도 서로 사랑하는 것이 마땅한 것을 깨달아 알게 하옵소서
요일 4:12	어느 때나 하나님을 본 사람이 없으되 만일 저희가 서로 사랑하면 하나님이 저희 안에 거하시고 그의 사랑이 저희 안에 온전히 이루어 질 줄을 믿사옵나이다
엡 4:31	주님께서 저희를 위하여 목숨을 버리셨으니 저희가 이로써 사랑을 알고 저희도 형제들을 위하여 목숨을 버릴 수 있게 하여 주옵소서
요일 3:16	저희가 모든 악독과 노함과 분냄과 떠드는 것과 훼방하는 것을 모든 악의와 함께 버리게 하옵소서
잠 10:12	미움은 다툼을 일으켜도 사랑은 모든 허물을 가리운다고 하셨사오니, 항상 사랑하는 마음을 갖게 하옵소서
고전 13:2	저희가 모든 비밀과 모든 지식을 알고 또 산을 옮길 만한 모든 믿음이 있을찌라도 사랑이 없으면 저희가 아무 것도 아니라고 하셨사오니, 늘 사랑의 마음을 갖게 하옵소서

담대하게 하소서

하나님은 담대한 마음을 주시지만, 사탄은 두려운 마음을 준다.

인간은 약하지만 하나님을 믿으면 담대해진다.

히 10:35-36	저희가 하늘의 큰 상을 얻을 것을 믿고 저희 담대함을 버리지 말게 하옵소서. 저희에게 인내가 필요함은 저희가 하나님의 뜻을 행한 후에 약속을 받을 것을 알기 때문이옵나이다
빌 1:6	저희 속에 착한 일을 시작하신 이가 그리스도 예수의 날까지 이루실 줄을 저희가 확신하옵나이다
요일 3:21	만일 저희 마음이 저희를 책망할 것이 없으면 하나님 앞에서 담대함을 얻게 될 줄을 믿사오니 저희가 죄를 짓지 않게 하옵소서
딤후 1:7	하나님이 저희에게 주신 것은 두려워하는 마음이 아니요 오직 능력과 사랑과 근신하는 마음이라고 하셨사오니, 저희가 두려워하는 마음을 갖지 않게 하옵소서
롬 8:38-39	저희가 확신하노니 사망이나 생명이나 천사들이나 권세자들이나 현재 일이나 장래 일이나 능력이나 높음이나 깊음이나 다른 아무 피조물이라도 저희를 저희 주 그리스도 예수 안에 있는 하나님의 사랑에서 끊을 수 없을 것을 믿습니다
시 27:14	저희가 하나님을 바라며, 강하고 담대하며 하나님을 바라게 하옵소서
시 31:24	하나님을 바라는 저희들이 강하고 담대하게 하옵소서
수 1:9	마음을 강하게 하고 담대히 하며, 두려워 말고 놀라지 말게 하옵소서. 저희가 어디로 가든지 하나님이 저희와 함께 하심을 믿게 하옵소서

절망감이 듭니다

절대 절망이 들 때에도, 하나님은 절대 소망을 주신다.

세상은 항상 절망을 주지만, 하나님은 항상 소망을 주신다.

시 119:71 고난 당한 것이 저희에게 유익이라고 하셨사오니 이로 인하여 저희가 주님의 율례를 배우게 하옵소서

시 119:154-155 저희의 고난을 보시고 저희를 건지소서. 저희가 주님의 법을 잊지 않게 하옵소서. 주님께서는 저희의 원한을 펴시고 저희를 구속하사 주님의 말씀대로 저희를 소성케 하소서

시 46:1 하나님께서는 저희의 피난처시요 힘이시니 환난 중에 만날 큰 도움이 되어 주옵소서

고전 10:13 사람이 감당할 시험 밖에는 저희에게 당한 것이 없나니 오직 하나님은 미쁘사 저희가 감당치 못할 시험 당함을 허락지 아니하신다고 하셨사오니, 시험 당할 즈음에 또한 피할 길을 내사 저희로 능히 감당하게 하시옵소서

시 46:1 하나님은 저희의 피난처시요 힘이시며 환난 중에 만날 큰 도움이신 것을 믿사옵나이다

유 1:24 능히 저희를 보호하사 거침이 없게 하시고 저희로 그 영광 앞에 흠이 없이 즐거움으로 서게 하옵소서

연단이 되게 하소서

고난은 마이너스가 아니다. 플러스로 만들 수 있다.

연단을 통하지 않고서는 깨달을 수 없는 진리가 많이 있다.

욥 23:10	저희 가는 길을 아시는 주님, 주님께서 저희를 단련하신 후에는 정금 같이 나오게 하여 주옵소서
벧전 1:7-8	저희 믿음의 시련이 불로 연단하여도 없어질 금보다 더 귀하여 예수 그리스도의 나타나실 때에 칭찬과 영광과 존귀를 얻게 하여 주옵소서. 저희가 주님을 저희가 보지 못하였으나 사랑하게 하옵시며, 믿고 말할 수 없는 영광스러운 즐거움으로 기뻐하게 하옵소서
벧전 4:12-13	저희를 시련하려고 오는 불시험을 이상한 일 당하는 것 같이 이상히 여기지 말고 오직 저희가 그리스도의 고난에 참예하는 것으로 즐거워하게 하옵소서 그리하여 주님께서 당신의 영광을 나타내실 때에 저희로 즐거워하고 기뻐하게 하옵소서
약 1:2-3	저희가 여러가지 시험을 만나거든 온전히 기쁘게 여길 수 있도록 하옵소서. 이는 저희 믿음의 시련이 인내를 만들어 내는 줄 저희가 알게 하옵소서
롬 5:3-4	저희가 환난 중에도 즐거워하며, 환난은 인내를, 인내는 연단을, 연단은 소망을 이루게 하는 줄을 알게 하여 주옵소서
사 51:11	하나님께 구원받은 저희들이 돌아와서 노래하며 시온으로 들어와서 그 머리 위에 영원한 기쁨을 쓰고 즐거움과 기쁨을 얻음으로 슬픔과 탄식이 달아나게 하옵소서
잠 18:10	하나님의 이름은 견고한 망대이시므로 저희 신자들이 그리로 달려가서 안전함을 얻게 하옵소서

고난에서 구원하소서

고난에서 구원해 주실 분은 궁극적으로 하나님뿐이시다.

고난에서 벗어나는 최선의 길은 기도하는 것이다.

시 103:4	저희 생명을 파멸에서 구원하시고 인자와 긍휼로 관을 씌워 주옵소서
사 33:2	하나님이여 저희에게 은혜를 베푸소서 저희가 하나님을 앙망하오니 주께서는 항상 저희의 팔이 되시며 환난 때에 저희의 구원이 되소서
시 121:2	저희의 도움이 천지를 지으신 하나님에게서 나온다는 사실을 알게 하옵소서
시 138:7	저희가 환난 중에 다닐찌라도 주님께서 저희를 소성케 하시고 주님의 손을 펴사 주님의 오른손이 저희를 구원해 주옵소서
애 3:26	저희가 하나님의 구원을 바라고 잠잠히 기다리게 하옵소서
습 3:17	전능하신 하나님께서 저희 가운데 계시사 구원을 베풀어 주시옵소서.
신 4:31	자비하신 하나님, 하나님께서 저희를 버리지 아니하시며 저희를 멸하지 마옵소서
사 41:17	가련하고 빈핍한 자가 물을 구하되 물이 없어서 갈증으로 그들의 혀가 마르오니, 하나님이여 저들에게 응답하며 저들을 버리지 마옵소서
시 119:143-144	환난과 저희에게 다가오지만 주님의 말씀은 저희의 즐거움이 되게 하옵소서. 주님의 말씀은 영원히 의롭사오니 저희로 환난의 뜻을 깨닫게 하사 살게 하소서
사 41:10	주님께서 저희를 굳세게 하시며 참으로 저희를 도와 주옵소서. 참으로 주님의 의로운 오른손으로 저희를 붙들어 주옵소서

주님을 찾게 하소서

목마른 사슴이 시냇물을 찾듯이, 우리는 주님을 찾아야 한다.

우리가 주님을 찾으면, 주님도 우리를 찾아 주신다.

시 50:15	환난 날에 주님을 부르게 하옵소서. 그리하여 주님께서 저희를 건지시며 저희를 영화롭게 하여 주옵소서
시 119:176	저희가 잃은 양 같이 방황하오니 저희가 목자되신 주님을 찾을 수 있게 하옵소서
시 68:19	날마다 저희 짐을 져 주시는, 저희 구원이신 하나님을 찬송하게 하옵소서
시 40:2	저희를 기가 막힐 웅덩이와 수렁에서 끌어 올리시고 저희 발을 반석 위에 두사 저희 걸음을 견고케 하여 주옵소서
요 3:17-18	하나님이 그 아들을 세상에 보내신 것은 세상을 심판하려 하심이 아니요 세상이 구원을 받게 하려 하셨사오니
요 5:24	주님를 믿는 자는 영생을 얻었고 심판에 이르지 아니하며 사망에서 생명으로 옮겨진 것을 믿습니다
시 34:17	하나님께서 저희의 모든 환난에서 건지게 하옵소서
시 91:14	저희가 주님을 사랑하므로 주님께서 저희를 건지시며 저희가 주님 이름을 부르므로 주님께서 저희를 구원해 주옵소서
시 91:15	저희가 주님께 간구하며 주님께서 응답해 주옵소서. 저희 환난 때에 주님께서 저희와 함께 하시사 저희를 건지고 영화롭게 하여 주옵소서
시 34:19	저희는 고난이 많으나 하나님께서 그 모든 고난에서 건져 주옵소서
롬 3:25	하나님께서 예수님을 그의 피로 인하여 화목 제물로 세워 주심으로 저희에게 구원을 허락하여 주시오니 감사하옵나이다

성실한 삶을 원합니다

성실은 사람을 성공으로 이끄는 지름길이다.

성실한 삶과 성실하지 않은 삶은 나중에 결과가 다르게 나타난다.

골 3:23 무슨 일을 하든지 마음을 다하여 주님께 하듯하고 사람에게 하듯하지 않게 하옵소서

롬 8:16-17 주님의 말씀이 저희를 능히 든든히 세울 수 있게 하여 주옵소서

행 20:32 저희가 주님과 함께 영광을 받기 위하여 고난도 함께 받을 수 있게 해 주옵소서

유 1:24 능히 저희를 보호하사 거침이 없게 하시고 저희로 그 영광 앞에 흠이 없이 즐거움으로 서게 하옵소서.

사 40:31 오직 하나님을 앙망하는 자는 새 힘을 얻으리니 독수리의 날개치며 올라감 같을 것이요 달음박질하여도 곤비치 아니하겠고 걸어가도 피곤치 아니한다고 하셨사오니 항상 승리의 삶을 살게 하소서

슬픔에서 벗어나게 하소서

하나님이 죽으시지 않고 살아계심을 알 때,

우리의 슬픔은 사라지게 된다.

슬픔을 슬픔으로 끝내지 않고

슬픔에서 교훈을 얻도록 해야 한다.

사 61:2	하나님의 은혜로 슬퍼하는 자에게 화관을 주어 그 재를 대신하며 희락의 기름으로 그 슬픔을 대신하며, 찬송의 옷으로 그 근심을 대신하게 하옵소서
마 5:4	애통하는 자가 하나님의 위로를 받게 하시며
사 49:13	하늘이 노래하며 땅이 기뻐하며 산들이 즐거이 노래하게 하옵소서
살후 2:16-17	영원한 위로와 좋은 소망을 은혜로 주신 하나님 저희 아버지께서 저희 마음을 위로하시고 모든 선한 일과 말에 굳게 하옵소서
히 4:15-16	저희가 긍휼하심을 받고 때를 따라 돕는 은혜를 얻기 위하여 은혜의 보좌 앞에 담대히 나아가게 하옵소서
시 119:50	주님의 말씀이 저희를 살리게 하옵시며
계 21:4	모든 눈물을 그 눈에서 씻겨 주옵소서

소망을 갖게 하소서

영원한 소망은 하나님께만 있다.

세상에 소망을 두는 사람은 실패할 수 밖에 없다.

시 39:7 주님 저희가 무엇을 바라겠습니까 저희의 소망은 주님께 있나이다
시 119:49 주님께서 저희로 주님 안에서 소망이 있게 하옵소서
살전 4:13 저희가 소망 없는 자들처럼 슬퍼하지 않게 하시며
롬 4:18 바랄 수 없는 중에 바라고 믿었던 아브라함처럼, 늘 소망 가운데 살아가게 하옵소서
시 131:3 저희가 영원부터 영원까지 여호와 하나님을 바라보며 살게 하옵소서
잠 23:18 정녕히 저희에게 장래가 있겠고 저희 소망이 끊어지지 않게 하옵소서
롬 12:12 소망 중에 즐거워하며 환난 중에 참으며 기도에 항상 힘쓰는 자가 되게 하옵소서

하나님께 의탁합니다

인생을 자신에게 의탁하지 않고 하나님께 의탁해야 한다.

하나님께 인생을 의탁한 사람은 하나님이 책임져 주신다.

잠 16:3 저희의 행사를 하나님께 맡기게 하옵소서 그리하면 저희의 경영하는 것이 이루어질 줄을 믿습니다.

잠 3:5 저희가 마음을 다하여 하나님을 의지하고 저희 명철을 의지하지 않게 하옵소서

시 37:5 저희 길을 여호와 하나님께 맡기게 하옵시며, 하나님을 의지하면 하나님께서 이루어 주실 것을 믿습니다

사 9:10 주님의 이름을 아는 저희가 주님을 의지하게 하옵소서

사 2:22 저희가 인간 세상을 의지하지 말게 하옵소서

시 23:4 주님께서 늘 저희와 함께 하여 주심으로 저희가 사망의 음침한 골짜기로 다닐찌라도 해를 두려워하지 않게 하옵소서

시 27:1 하나님은 저희의 빛이요 저희의 구원이시니 저희가 누구를 두려워하겠으며 하나님은 저희 생명의 능력이시니 저희가 그 누구도 무서워하지 않게 하옵소서

하나님의 영광을 위해 살게 하소서

하나님의 영광을 위하지 않는 사람은

자신의 영광을 위하는 사람이다.

하나님의 영광을 나타내지 않는 사람에게는

하나님 역시 그의 영광을 나타나지 않도록 하신다.

고전 10:31 저희가 먹든지 마시든지 무엇을 하든지 다 하나님의 영광을 위하여 하게 하옵소서

요 3:30 저희는 쇠할지라도 주님께서는 흥하는 일만 있게 하옵소서

벧전 4:16 만일 그리스도인으로 고난을 받은즉 부끄러워 말고 도리어 그 이름으로 하나님께 영광을 돌리게 하옵소서

시 145:21 저희 입이 하나님의 영광을 나타내며 모든 육체가 하나님의 성호를 영영히 송축하게 하옵소서

롬 4:20 믿음이 없어 하나님의 약속을 의심치 않고 믿음에 견고하여져서 하나님께 영광을 돌리는 저희 되게 하옵소서

빌 4:19 하나님께서 그리스도 예수 안에서 영광 가운데 그 풍성한대로 저희 모든 쓸 것을 채워 주옵소서

요 5:41 저희가 사람에게 영광을 구하지 않고 하나님께 영광을 드리게 하옵소서

요 12:43 사람의 영광을 하나님의 영광보다 더 사랑하는 자가 되지 않게 하옵소서

롬 15:6 한 마음과 한 입으로 하나님 곧 우리 주 예수 그리스도의 아버지께 영광을 돌리게 하옵소서

만족하게 하소서

이 세상에 살아 있는 것만으로 만족이요,

죽어도 주님 나라에 가므로 만족이다.

주님 안에서만 참되고 영원한 만족이 있다.

시 63:5   골수와 기름진 것을 먹음과 같이 저희 영혼이 만족하게 하옵시며 저희 입이 기쁜 입술로 주님을 찬송하게 하옵소서

시 34:10   젊은 사자는 궁핍하여 주릴찌라도 하나님을 찾는 자는 모든 좋은 것에 부족함이 없게 해 주옵소서

히 13:5   돈을 사랑치 말고 있는 바를 족한 줄로 알게 하옵소서

시 107:9   하나님께서 사모하는 영혼을 만족케 하시며 주린 영혼에게 좋은 것으로 채워주시옵소서

사 12:2   하나님은 저희의 구원이 되시므로 저희가 의뢰하고 두려움이 없으시게 하옵소서. 주 하나님께서 저희의 힘이시며 저희의 노래시며 저희의 구원이 되어 주옵소서

고후 9:10   주님께서 저희로 풍성하게 하시고 저희 의의 열매를 더하게 하옵소서

시 103:2   저희 영혼이 하나님을 송축하며 그 모든 은택을 잊지 말게 하옵소서

시 103:5   좋은 것으로 저희 소원을 만족케 하시며 저희 청춘으로 독수리 같이 새롭게 하여 주옵소서

시 37:4   하나님을 기뻐하게 하시며, 그럼으로써 하나님께서 저희 마음의 소원을 이루어 주시옵소서

염려하지 않게 하소서

염려는 하나님께 대한 불신앙에서 비롯된다.

염려하는 시간을 감사하는 시간으로 바꾸어야 한다.

눅 12:29-30	저희가 무엇을 먹을까 무엇을 마실까 하여 구하지 말며 근심하지도 않게 하옵소서
벧전 5:7	저희 염려를 다 주님께 맡겨 버리게 하옵소서
눅 18:1	항상 기도하고 낙망치 말게 하옵소서
느 8:10	저희가 근심하지 않게 하시며 하나님을 기뻐하는 것이 저희의 힘이 되게 하옵소서
요 14:1	저희가 마음에 근심하지 말고 늘 하나님을 믿게 하옵소서
요 14:27	평안을 저희에게 주시되, 곧 주님의 평안을 저희에게 주옵소서. 주님께서 저희에게 주는 것은 세상이 주는 것 같지 아니할 줄 믿습니다. 저희는 마음에 근심도 말고 두려워하지도 말게 하옵소서
시 138:7	저희가 환난 중에 다닐찌라도 주님께서 저희를 소성케 하시고 주님의 손을 펴사 저희 원수들의 분노를 막으시며 주님의 오른 손이 저희를 구원하여 주옵소서
신 31:6	저희가 마음을 강하게 하고 담대히 하게 하옵소서. 세상을 두려워 말며 세상 앞에서 떨지 말게 하옵소서. 하나님 아버지께서 저희와 항상 함께 행하시옵소서
마 6:34	내일 일을 위하여 염려하지 않게 하옵소서. 내일 일은 내일 염려하며, 한 날 괴로움은 하루를 넘기지 않도록 해 주옵소서

겸손하게 하소서

참된 겸손은 사람에 대해서가 아니라 하나님에 대해서 해야 한다.

인간이 자신을 하나님 앞에 낮출수록 하나님은 그를 높여 주신다.

벧전 3:8-9 저희가 다 마음을 같이 하여 체휼하며 형제를 사랑하며 불쌍히 여기며 겸손할 수 있도록 하옵소서

마 18:4 항상 어린 아이와 같이 자기를 낮추는 자가 되게 하옵소서

눅 14:11 무릇 자기를 높이는 자는 낮아지고 자기를 낮추는 자는 높아진다고 했사오니, 낮추는 자가 되게 하옵소서

고전 1:31 저희가 항상 겸허하게 살되, 자랑을 할 때는 주 안에서 자랑하게 하옵소서

엡 4:20 모든 악독과 노함과 분냄과 떠드는 것과 훼방하는 것을 모든 악의와 함께 버리고 서로 인자하게 하며 불쌍히 여기며 서로 용서하기를 하나님이 그리스도 안에서 저희를 용서하심과 같이 하시며 항상 겸손한 삶을 살게 하소서

빌 2:8 주님께서는 사람의 모양으로 나타나시고 자기를 낮추시고 죽기까지 복종하셨으니 곧 십자가에 죽으셨는데, 저희도 이런 주님의 겸손함을 배우게 하소서

벧전 5:6 하나님 앞에 겸손하게 하시며 그리하여 때가 되면 하나님께서 저희를 높여 주실 줄 믿습니다

분노하지 않게 하소서

10번의 은혜 생활도 1번의 분노가 다 무너뜨려 버린다.

분노는 상대방만 보는 것이 아니라 하나님도 보신다.

잠 19:11 노하기를 더디하는 것이 사람의 슬기요 허물을 용서하는 것이 자기의 영광이라고 하셨사오니, 노하기를 더디하게 하옵소서.

시 37:5-8 저희 길을 하나님께 맡기고, 하나님을 의지하면 하나님께서 이루어 주실 줄 믿습니다.

전 7:9 급한 마음으로 분노를 발하지 않게 하옵소서

전 7:9 하나님 앞에 잠잠하고 참아 기다리게 하시며 자기 길이 형통하며 악한 꾀를 이루는 자를 인하여 불평하여 말게 하옵소서

전 7:10 급한 마음으로 분노를 발하지 말게 하옵소서

잠 29:11 노를 다 드러내는 어리석은 자가 되지 않게 하시며 분노를 억제하는 지혜로운 자가 되게 하옵소서

잠 16:32 노하기를 더디함으로써 용사보다 낫고 하시고 자기의 마음을 다스림으로 성을 빼앗는 자보다 낫게 하옵소서

잠 22:24-25 노를 품는 자와 사귀지 말며 울분한 자와 동행하지 말게 하시며 그 행위를 본받아서 네 영혼을 올무에 빠지지 않게 하옵소서

잠 15:1 유순한 대답은 분노를 쉬게 하여도 과격한 말은 분노를 격동하게 한다고 하셨사오니 분노를 갖지 않게 하옵소서

영적 소생을 원합니다

살았다 하나 죽은 자가 되어서는 안된다.

봄에 죽은 것 같던 식물이 살아나듯이,

우리의 죽은 것 같은 영혼도 소생할 수 있다.

사 40:29	피곤한 자에게는 능력을 주시며 무능한 자에게는 힘을 더하심을 믿습니다
사 40:31	오직 하나님을 앙망하는 자는 새 힘을 얻으리니 독수리의 날개치며 올라감 같을 것이요 달음박질하여도 곤비치 아니하겠고 걸어가도 피곤치 아니하는 일이 있게 하옵소서
시 18:2-3	저희의 반석이시요 저희의 요새시요 저희를 건지시는 하나님, 저희의 찬송을 하나님께 올리게 하옵소서
시 27:1	하나님은 저희의 빛이요 저희의 구원이시니 저희가 누구를 두려워하겠사옵나이까 하나님은 저희 생명의 능력이시니 저희가 누구를 무서워하겠습니까
엡 3:16	주님의 영광의 풍성을 따라 주님의 성령으로 말미암아 저희 속 사람을 능력으로 강건하게 하옵소서
엡 6:10-12	저희가 주 안에서와 그 힘의 능력으로 강건하여지고 마귀의 궤계를 능히 대적하기 위하여 하나님의 전신갑주를 입게 하옵소서. 저희의 씨름은 혈과 육에 대한 것이 아니요 정사와 권세와 이 어두움의 세상 주관자들과 하늘에 있는 악의 영들에 대한 것임을 깨닫게 하옵소서
시 119:28	저희의 영혼이 눌림을 인하여 녹사오니 주님의 말씀대로 저희를 세우소서
골 1:11	그 영광의 힘을 좇아 모든 능력으로 능하게 하시며 기쁨으로 모든 견딤과 오래 참음에 이르게 하시옵소서
엡 6:18	모든 기도와 간구로 하되 무시로 성령 안에서 기도하고 이를 위하여 깨어 구하기를 항상 힘쓰게 하옵소서

퇴보가 없도록 하옵소서

바쁘게만 살 것이 아니라,

가끔 자신의 영적 상태를 살펴 보아야 한다.

세상 것은 다 버릴 지라도 하나님을 버려서는 안된다.

히 3:12-13	혹 저희 중에 누가 믿지 아니하는 악심을 품고 살아 계신 하나님에게서 떨어지는 일이 있지 않게 하옵시며, 오직 오늘이라 일컫는 동안에 매일 피차 권면하여 저희 중에 누구든지 죄의 유혹으로 강퍅케 됨을 면하게 하옵소서
말 3:7	저희가 주님께로 온전히 돌아가게 하옵소서
신 8:11	하나님을 잊어버리지 않도록 하옵소서
신 4:9	오직 저희는 스스로 삼가며 마음을 힘써 지키게 하옵소서
히 12:15	저희는 돌아보아 하나님 은혜에 이르지 못하는 자가 되지 않게 하옵시고, 또 쓴 뿌리가 나서 괴롭게 하고 많은 사람이 이로 말미암아 더러움을 입는 일이 있지 않게 하옵소서
벧후 2:20	만일 저희가 저희 주 되신 예수 그리스도를 앎으로 세상의 더러움을 피한 후에 다시 그 중에 얽매이고 그 나중 형편이 처음보다 더 심하게 되는 일이 있지 않게 하옵소서

순종의 삶을 살게 하소서

하나님이 가장 좋아하시는 것은 인간의 순종이다.

하나님께 순종한다는 것은 하나님의 말씀을

무조건 듣고 따르는 것을 의미한다.

행 5:29	저희가 주님을 사랑하며 주님의 계명을 지키게 하옵소서
요 14:15	사람보다 하나님을 순종하게 하옵소서
신 5:32-33	저희는 삼가 행하여 좌로나 우로나 치우치지 말고 하나님께서 저희에게 명하신 모든 도를 행하게 하옵소서. 그리함으로써 저희가 삶을 얻고 복을 얻어서 저희의 얻은 땅에서 주님께서 주시는 축복을 누리게 하옵소서
골 3:23	무슨 일을 하든지 마음을 다하여 주님께 하듯하고 사람에게 하듯하지 않게 하옵소서
신 28:2-3	저희가 하나님의 말씀을 순종하므로 모든 복이 저희에게 임하게 하옵소서
벧전 1:22	저희가 주님께 순종함으로 저희 영혼을 깨끗하게 하여 거짓이 없이 형제를 사랑하며 마음으로 뜨겁게 피차 사랑할 수 있게 하옵소서
약 4:7	하나님께 순종하며, 마귀를 대적하지 하옵소서

나태하지 않게 하소서

주님의 일에는 나태함이 용납되지 않는다.

영적 나태는 자신에게 멸망을 가져다 준다.

롬 12:11 신앙에 나태하지 않고 열심을 다해 저희가 주님을 섬기게 하옵소서

히 6:12 게으르지 아니하고 믿음과 오래 참음으로 말미암아 약속들을 기업으로 받는 자들을 본받는 자가 되게 하옵소서

벧후 1:8 우리 주 예수 그리스도를 알기에 게으르지 않고 열매 없는 자가 되지 않게 하옵소서

벧전 3:13 열심으로 선을 행하면서 주님의 영광을 위해 살게 하옵소서

딛 2:14 주님께서 우리를 대신하여 자신을 주심으로써 모든 불법에서 우리를 구속하시고 우리를 깨끗하게 하사 선한 일에 열심하는 친 백성이 되게 하여 주시니 감사를 드리옵나이다.

고후 11:2 하나님의 열심으로 형제들을 위해 열심을 내게 하옵소서

요 2:17 주님을 사모하는 열심이 저희를 삼킬만큼 되게 하옵소서

십자가의 삶을 원합니다

십자가에 하나님의 능력과 지혜가 숨어 있다.

십자가는 멀리 할 것이 아니라 가까이 해야 한다.

마 16:24	저희 십자가를 지고 주님을 좇게 하옵소서
갈 2:20	이제는 우리 육신이 십자가에 온전히 못 박혀 죽음으로써 우리가 산 것이 아니요 오직 우리 안에 그리스도께서 살게 하옵소서
갈 6:14	우리 주 예수 그리스도의 십자가 외에 결코 자랑할 것이 없게 하옵소서. 또한 우리 주 그리스도로 말미암아 세상이 우리를 대하여 십자가에 못 박히고 우리가 또한 세상을 대하여 못이 박히게 하옵소서
빌 3:18	그리스도 십자가의 원수로 행하는 일이 있지 않도록 긍휼을 베풀어 주옵소서
히 6:6	주님을 다시 십자가에 못 박아 욕을 보이는 일이 있지 않도록 하여 주옵소서
골 2:15	주님께서 십자가로 승리하셨듯이 저희 역시 십자가로 승리하게 하옵소서
갈 5:24	저희가 육신과 함께 정과 욕심을 십자가에 온전히 못박아 버릴 수 있도록 도와 주옵소서
고전 1:18	십자가의 도가 멸망하는 자들에게는 미련한 것이요 구원을 얻는 우리에게는 하나님의 능력이 되게 하여 주실 줄 믿습니다.

시기하지 않게 하소서

시기하는 마음보다 사랑하는 마음을 가져야 한다.

시기가 있는 곳에는 항상 다툼이 따른다.

잠 14:30 마음의 화평은 육신의 생명이나 시기는 뼈의 썩음이니라고 하셨사오니 시기하는 마음을 갖지 않게 하옵소서

고전 3:3 시기와 분쟁이 많았던 고린도 교인들처럼 되지 않게 하옵소서

약 3:16 시기와 다툼이 있는 곳에는 요란과 모든 악한 일이 있다고 하셨사오니 시기와 다툼이 있지 않게 하옵소서

벧전 2:1 그러므로 모든 악독과 모든 궤휼과 외식과 시기와 모든 비방하는 말을 버리게 하옵소서

시 37:1 행악자를 인하여 불평하여 하지 말며 불의를 행하는 자를 투기하지 말게 하옵소서

딛 3:3 우리도 전에는 어리석은 자요 순종치 아니한 자요 속은 자요 각색 정욕과 행락에 종노릇한 자요 악독과 투기로 지낸 자요 가증스러운 자요 피차 미워한 자이었으나 이제는 그러한 자가 되지 않게 하옵소서

갈 5:26 헛된 영광을 구하여 서로 격동하고 서로 투기하지 말게 하옵소서

유혹당하지 않게 하소서

유혹을 이기도록 해 주는 것은 하나님의 능력 뿐이다.

사탄은 우리를 끊임없이 악을 행하도록 유혹한다.

마 6:13   우리를 시험에 들게 하지 마옵시고 다만 악에서 구하옵소서

눅 22:40   시험에 들지 않기를 위해 항상 기도할 수 있도록 하여 주옵소서

약 1:14   오직 각 사람이 시험을 받는 것은 자기 욕심에 끌려 미혹된다고 하셨사오니, 욕심을 갖지 않게 하옵소서

히 3:10   저희가 항상 마음이 미혹되어 주님의 길을 가지 못하는 일이 있지 않게 하옵소서

고후 11:3   뱀이 그 간계로 이와를 미혹케 한것 같이 저희 마음이 그리스도를 향하는 진실함과 깨끗함에서 떠나 부패하는 일이 있지 않도록 하여 주옵소서

딤전 6:10   사탄의 미혹을 받아 믿음에서 떠나 많은 근심으로써 자기를 찌르는 일이 있지 않도록 하여 주옵소서

벧후 3:17   무법한 자들의 미혹에 이끌려 저희 굳센 믿음에서 떨어지는 일이 있지 않도록 하여 주옵소서

요일 3:7   아무도 저희를 미혹하지 못하도록 하여 주옵소서

좋은 습관을 갖게 하소서

나쁜 습관은 가져서는 안되지만, 좋은 습관은 가져야 한다.

좋은 영적 습관은 가질수록 좋다.

눅 22:39	예수님께서 습관을 좇아 감람산에 기도하러 가셨던 것처럼 저희 역시 기도의 습관을 갖게 해 주옵소서
고전 8:7	여전히 지금까지 우상에 대한 습관을 가지는 일이 있지 않도록 하여 주옵소서
히 10:25	모이기를 폐하는 어떤 사람들의 습관과 같이 하지 말고 오직 권하여 그날이 가까움을 볼수록 더욱 모이기에 힘쓰는 저희가 되게 하여 주옵소서
시 96:2	여호와께 노래하여 그 이름을 송축하며 그 구원을 날마다 전파하게 하옵소서
시 145:2	제가 날마다 주를 송축하며 영영히 주의 이름을 송축하게 하옵소서
고전 15:31	바울을 본받아서 날마다 죽는 사람이 되게 하옵소서
행 5:42	저희가 날마다 성전에 있든지 집에 있든지 예수는 그리스도라 가르치기와 전도하기를 쉬지 않게 하옵소서
행 17:11	간절한 마음으로 말씀을 받고 이것이 그러한가 하여 날마다 성경을 상고할 수 있도록 하옵소서

기도에 응답해 주소서

하나님의 뜻대로 한 기도는 하나님이 반드시 응답해 주신다.

기도를 할 때는 하나님의 마음을 움직일만큼의

간절한 기도를 해야 한다.

시 4:1 저희 의의 하나님이여 저희가 부를 때에 응답하소서 곤란 중에 저희를 너그럽게 하셨사오니 저희를 긍휼히 여기사 저희의 기도를 들으소서

시 27:7 여호와여 저희가 소리로 부르짖을 때에 들으시고 또한 저희를 긍휼히 여기사 응답하소서

시 60:5 주의 사랑하시는 자를 건지시기 위하여 저희에게 응답하사 오른손으로 구원하소서

시 69:13 여호와여 열납하시는 때에 나는 주께 기도하오니 하나님이여 많은 인자와 구원의 진리로 내게 응답하소서

시 69:17 주의 얼굴을 주의 종에게서 숨기지 마소서 내가 환난 중에 있사오니 속히 내게 응답하소서

시 102:2 나의 괴로운 날에 주의 얼굴을 내게 숨기지 마소서 주의 귀를 기울이사 내가 부르짖는 날에 속히 내게 응답하소서

시 120:1 저희가 환난 중에 여호와께 부르짖었더니 응답해 주심을 감사하나이다

탐욕을 갖지 않게 하소서

모든 죄악은 탐욕에서 나온다.

탐욕은 자학을 통해서가 아니라

그리스도의 십자가를 통해서 제거해야 한다.

마 23:25 겉은 깨끗이 하되 그 안에는 탐욕과 방탕으로 가득한 자가 되지 않게 하여 주옵소서

롬 1:29 곧 모든 불의, 추악, 탐욕, 악의가 가득한 자요 시기, 살인, 분쟁, 사기, 악독이 가득한 자요 수군수군하는 이방인들처럼 살아가지 않게 하옵소서

막 4:19 세상의 염려와 재리의 유혹과 기타 욕심이 들어와 말씀을 막아 결실치 못하게 되는 자가 되지 않게 하옵소서

갈 5:16 저희가 늘 성령님의 인도를 받아 살며 그리하여 육체의 욕심을 이루지 않는 사람이 되게 하여 주옵소서

엡 2:3 전에는 우리도 다 그 가운데서 우리 육체의 욕심을 따라 지내며 육체와 마음의 원하는 것을 하여 다른 이들과 같이 본질상 진노의 자녀이었는데, 이제는 그러한 자가 되지 않게 하여 주옵소서

요 8:44 사탄의 욕심을 이루어 주는 자가 되지 않게 하옵소서

엡 4:22 유혹의 욕심을 따라 썩어져 가는 구습을 좇는 옛 사람을 벗어 버리고 온전한 새 사람이 되어 주님 뜻대로만 사는 자가 되게 하여 주옵소서

엡 4:19 감각 없는 자 되어 자신을 방탕에 방임하여 모든 더러운 것을 욕심으로 행하는 세상 사람들처럼 되지 않게 하옵소서

주님을 본받게 하옵소서

우리가 꼭 본받아야 할 것이 있는데, 그것은 주님의 삶이다.

우리가 주님을 본받지 않고 세상을 본받는 데서 비극이 발생한다.

엡 5:1	저희가 하나님의 사랑을 입은 자가 되었사오니 마땅히 하나님을 본받는 자가 되게 하옵소서
롬 15:5	하나님께서 저희로 그리스도 예수를 본받는 자가 되게 하사 서로 뜻을 갖게 하여 주옵소서
빌 3:10	저희가 그리스도와 그 부활의 권능과 그 고난에 참예함을 알려하여 그리스도의 죽으심을 본받게 하여 주옵소서
살전 1:6	저희가 많은 환난 가운데서도 성령의 기쁨으로 주님의 말씀을 받아 주님을 본받은 자가 되게 하여 주옵소서
요삼 1:11	사랑하는 주님이시여, 저희가 악한 것을 본받지 말고 오직 선한 것을 본받으며 살게 하여 주옵소서
마 23:3	늘 주님을 본받게 하시며, 말만 하고 행위는 없는 사람을 본받는 일이 있지 않게 하옵소서
마 6:8	세상적인 것만을 구하는 이방인을 본받는 일이 있지 않게 하옵소서
출 23:24	저희가 이방인들의 우상숭배하는 삶을 본받지 않도록 하여 주옵소서
신 18:9	저희가 하나님을 믿으면서도 불신자 때 행했던 잘못된 일들을 본받는 일이 있지 않게 하여 주옵소서

영적 싸움에서 이기게 하소서

악한 싸움은 피해야 하지만,

믿음의 선한 싸움을 피해서는 안된다.

인생은 영적 전쟁이다.

이 전쟁에서는 반드시 승리해야만 한다.

딤후 4:7	내가 선한 싸움을 싸우고 나의 달려갈 길을 마치고 믿음을 지켰다고 했던 사도 바울의 고백처럼 저희도 이런 고백이 나올 수 있게 하여 주옵소서
딤전 6:12	저희가 항상 주님 안에서 믿음의 선한 싸움을 싸우고 또 승리할 수 있도록 하여 주옵소서
고후 10:3-4	저희가 육체에 있어 행하나 육체대로 싸우지 않게 하시며 저희의 싸우는 병기는 육체에 속한 것이 아니요 오직 하나님 앞에서 견고한 진을 파하는 강력임을 깨달아 알게 하옵소서
고전 9:26	저희가 달음질하기를 향방 없는 것 같이 아니하고 싸우기를 허공을 치는것 같이 아니하도록 하여 주옵소서
계 17:14	주님께서 사탄과 싸워주심으로 항상 저희에게 승리가 있게 하여 주옵소서
신 1:30	지금까지 항상 승리를 주신 하나님께서 저희를 위하여 싸워주시고 승리를 허락하여 주옵소서
신 3:22	하나님께서 저희를 위하여 싸워 이겨주심을 믿음으로 세상을 두려워하는 일이 있지 않게 하옵소서

온유하게 하옵소서

세상에서 승리할 수 있는 좋은 비결은 온유하게 사는 것이다.

내적으로는 강해야 하지만 외적으로는 온유해야 한다.

마 5:5 온유한 자는 복이 있나니 저희가 땅을 기업으로 받을 것임이요 라고 하셨사오니, 저희가 항상 온유한 자가 되게 하여 주옵소서

마 11:29 마음이 온유하고 겸손하셨던 주 예수님을 본받게 하여 주옵소서

고전 4:21 저희가 사람에게 나아갈 때 항상 사랑과 온유한 마음으로 나아가게 하옵소서

고전 13:4 사랑은 온유하며 투기하는 자가 되지 아니하는 것이라고 하였사오니, 저희가 항상 이웃을 사랑하되, 온유한 마음으로 사랑하는 자가 되게 하여 주옵소서

엡 4:2 어떤 일을 대하든지 모든 겸손과 온유로 하고 오래 참음으로 사랑 가운데서 서로 용납하게 하여 주옵소서

골 3:12 저희가 하나님의 택하신 거룩하고 사랑하신 자처럼 긍휼과 자비와 겸손과 온유와 오래 참음을 옷입게 하여 주옵소서

딤전 6:11 저희가 세상적인 것들을 피하고 의와 경건과 믿음과 사랑과 인내와 온유를 좇아 살게 하여 주옵소서

갈 6:1 다른 사람들의 죄를 지적할 때도 온유한 심령으로 할 수 있도록 하여 주옵소서

딛 3:2 어떤 사람과도 훼방하거나 다투지 말며 관용하며 범사에 온유함을 모든 사람에게 나타낼 수 있도록 하여 주옵소서

딤후 2:24 하나님의 사람은 마땅히 모든 사람들에게 온유함으로 대할 수 있게 하여 주옵소서

영혼의 구원을 받게 하소서

세상의 모든 것을 얻어도 영혼의 구원을

얻지 못하면 모든 것을 잃는 셈이다.

영혼의 구원을 얻지 못한 사람은 가장 불쌍한 자이다.

딤전 2:4 주님, 모든 사람들이 구원을 받을 수 있도록 하여 주옵소서

빌 3:20 오직 저희의 시민권은 하늘에 있음을 알게 하시며 거기로서 구원하는 자 곧 주 예수 그리스도를 기다리게 하여 주옵소서

고전 1:18 십자가의 도가 멸망하는 자들에게는 미련한 것이지만 구원을 얻는 우리에게는 하나님의 능력이 된다는 사실을 깨닫게 하소서

행 16:31 주 예수를 믿음으로써 저들과 저들의 가정 모두가 구원을 받을 수 있도록 하여 주옵소서

롬 5:9 주님의 피를 인하여 의롭다 하심을 얻고 또한 진노하심에서 구원을 얻게 하여 주시니 감사를 드리옵나이다

롬 10:13 누구든지 주의 이름을 부르는 자는 구원을 얻는다고 하였사오니 주님의 이름을 믿고 부름으로써 구원을 받을 수 있도록 하여 주옵소서

고후 2:15 우리는 구원 얻는 자들에게나 망하는 자들에게나 하나님 앞에서 그리스도의 향기로 살아가게 하옵소서

엡 2:8 저희가 하나님의 은혜를 인하여 믿음으로 말미암아 구원을 얻었사오니 이것이 저희에게서 난 것이 아니요 하나님의 선물임을 깨닫게 하여 주옵소서

살후 2:10 불의의 모든 속임으로 멸망하는 자들로 인하여 진리의 사랑을 받지 못함으로 인해 구원함을 얻지 못하는 일이 있지 않게 하여 주옵소서

빛된 생활을 하게 하옵소서

신자들은 모두 세상의 빛과 소금이다.

어두움이 빛을 이길 수 없듯이,

세상이 신자들을 이기도록 해서는 안된다.

마 5:14 너희는 세상의 빛이라고 하신 주님, 저희가 세상의 빛 된 삶을 살게 하여 주옵소서

마 4:16 흑암에 앉은 사람들이 주님의 큰 빛을 보고 사망의 땅과 그늘에 앉은 자들에게 주님의 빛이 비춰게 하여 주옵소서

요 1:5 빛이 어두움에 비춰되 어두움이 깨닫지 못하는 것처럼, 주님께서 이 세상의 빛으로 오셨으나 어두움에 거하는 사람들이 깨닫지 못하는 일이 있지 않도록 하여 주옵소서

롬 13:12 저희가 어두움의 일을 벗고 빛의 갑옷을 입고 주님의 일을 감당할 수 있도록 하여 주옵소서

고후 6:14 빛과 어두움이 사귈 수 없는 것처럼 저희 신자들이 불신자들과 함께 타락한 삶을 사는 일이 있지 않게 하여 주옵소서

엡 5:8 저희가 전에는 어두움이었지만 이제는 주 안에서 빛이 되었사오니 빛의 자녀답게 살게 하여 주옵소서

빌 2:15 저희가 흠이 없고 순전하여 어그러지고 거스리는 세대 가운데서 하나님의 흠 없는 자녀로 세상에서 그들 가운데 빛들로 나타낼 수 있도록 하여 주옵소서

고후 4:6 어두운데서 빛이 비춰리라 하시던 하나님께서 예수 그리스도의 얼굴에 있는 하나님의 영광을 아는 빛을 우리 마음에 비춰 주옵소서

충성하게 하옵소서

신자들은 주님께 오직 충성만 해야 한다.

세상의 병사들에게 충성이 요구되듯이,

주님의 병사들도 충성이 요구된다.

마 25:21 주님께로부터 착하고 충성된 종이라는 칭찬을 받을 수 있게 하여 주옵소서. 작은 일에 충성하므로 큰 일을 맡을 수 있도록 하여 주옵소서

고전 4:2 맡은 자들에게 구할 것은 충성이라고 하셨사오니 항상 충성할 수 있는 저희가 되게 하여 주옵소서

딤전 3:11 주님의 모든 일에 충성된 자가 되게 하여 주옵소서

히 2:17 주님께서 이 땅에 오셔서 하나님의 일에 자키하고 충성되게 사역하셨던 것처럼 저희가 주님을 본받아 충성된 자가 되게 하여 주옵소서

딛 2:10 저희가 주님께 오직 선한 충성을 다함으로써 범사에 우리 구주 하나님의 교훈을 빛나게 할 수 있도록 하여 주옵소서

갈 5:22 오직 성령의 열매는 사랑과 희락과 화평과 오래 참음과 자비와 양선과 충성이라고 하셨사오니 항상 충성된 자가 되게 하여 주옵소서

계 2:10 네가 죽도록 충성하라 그리하면 내가 생명의 면류관을 네게 주리라고 하셨사오니 저희가 항상 주님의 일에 죽도록 충성할 수 있게 하여 주옵소서

땅의 것을 찾지 않게 하소서

보물은 땅에 쌓지 않고 하늘에 쌓아야 한다.

신자는 하늘에 속한 사람들이므로 하늘의 것을 구해야 한다.

마 6:20	오직 보물을 하늘에 쌓아 두되 땅에 쌓아 두지 않도록 하여 주옵소서
빌 3:20	저희의 시민권은 하늘에 있으므로 하늘의 것을 추구할 수 있도록 하여 주옵소서
골 1:5	저희의 소망을 땅에 두지 않고 하늘에 두게 하옵소서
히 11:16	저희가 세상을 바라보는 것이 아니라 하늘에 있는 본향을 사모하게 하옵소서
히 6:4	한번 비췸을 얻고 하늘의 은사를 맛보고 성령에 참예한바 된 저희들이 하나님을 배역하는 일이 있지 않게 하옵소서
고전 15:48	저희들이 이 땅에 살아가되 하늘에 속한 자로서 살아가게 하옵소서
빌 3:19	늘 땅의 일만 생각함으로써 멸망당하는 자가 되지 않게 하옵소서
골 3:2	위엣 것을 생각하고 땅엣 것을 생각지 않게 하옵소서
골 3:5	땅에 있는 지체를 죽이고 하늘의 것을 찾게 하여 주옵소서

헛된 것을 바라보지 않게 하소서

주님과 관계된 것이 아닌 것은 모두 헛되다.

주님 안에 있을 때에만 모든 것이 헛되지 않게 된다.

갈 5:26 헛된 영광을 구하여 서로 격동하고 서로 투기하지 말게 하옵소서

딤후 2:16 망령되고 헛된 말을 버리고 경건한 말을 사용할 수 있도록 하옵소서

시 39:6 세상의 헛된 일에 바쁘게 되지 않도록 하여 주옵소서

암 6:13 허무한 것을 바라보고 기뻐하는 일이 있지 않게 하여 주옵소서

잠 23:5 허무한 것에 주목하지 않게 하시며 헛된 재물에 마음을 두는 일이 있지 않게 하옵소서

욥 41:9 세상의 헛된 것에 소망을 두지 않게 하옵소서

시 144:4 헛것같고 지나가는 그림자같은 저희 인생에 연연하지 않게 하옵소서

전 1:14 해 아래서 행하는 모든 일이 바람을 잡으려는 것처럼 헛된 일임을 알아서 주님 일에 힘쓰는 자가 되게 하옵소서

사 65:23 저희가 하는 일들이 헛되지 않게 하옵소서

주님의 길을 걷게 하소서

이 세상은 크게 두가지 길밖에 없다.

주님의 길이냐 세상의 길이냐 하는 것이다.

주님의 길을 걸으면 만사가 안전하고 형통해진다.

잠 2:15 저희가 구부러지고 패역한 세상의 길을 걷지 않게 하옵소서

잠 4:14 사특한 자의 첩경에 들어가지 말며 악인의 길로 다니지 않게 하여 주옵소서

잠 4:19 악인의 길은 어둠 같아서 거쳐 넘어져도 그것이 무엇인지 깨닫지 못한다고 하셨사오니 악인의 길을 걷지 않게 하여 주옵소서

잠 9:6 어리석음을 버리고 주님께서 가르쳐 주시는 생명의 길을 걸을 수 있게 하여 주옵소서

잠 16:25 어떤 길은 사람의 보기에 바르나 필경은 사망의 길이라고 하셨사오니 저희가 저희 인생의 길을 잘 보면서 걸을 수 있게 하여 주옵소서

사 55:8 주님의 말씀에 내 생각은 너희 생각과 다르며 내 길은 너희 길과 다르다고 하셨사오니 저희가 저희의 생각과 길을 버리고 주님의 생각과 길을 따르게 하여 주옵소서

마 7:13 좁은 문으로 들어가며 좁은 길을 걸을 수 있게 하여 주옵소서

히 10:20 주님께서 열어 놓으신 새롭고 산 길을 걸어갈 수 있게 하옵소서

시 1:1 저희가 악인의 꾀를 좇지 아니하며 죄인의 길에 서지 아니하며 오만한 자의 자리에 앉지 않게 하옵소서

성령님을 충만하게 하소서

성령님을 충만히 하면 우리는 저절로 성결해 진다.

성령님으로 충만하지 않으면 악령으로 충만하게 된다.

마 4:1	우리 예수님처럼 늘 성령의 인도를 받을 수 있게 하옵소서
눅 4:14	예수님처럼 성령의 권능을 갖고 살아가게 하옵소서
고전 2:4	모든 일에 성령의 나타남과 능력으로 행할 수 있게 하옵소서
갈 5:16	저희는 성령을 좇아 행할 수 있게 하시며 그리함으로 육체의 욕심을 이루는 일이 있지 않게 하옵소서
갈 5:22	오직 성령의 열매를 맺으며 살게 하옵소서
갈 5:25	성령으로 살며 또한 성령으로 행할 수 있도록 하여 주옵소서
엡 4:3	평안의 매는 줄로 성령의 하나 되게 하신 것을 힘써 지킬 수 있는 저희들이 되게 하옵소서
엡 4:30	하나님의 성령을 근심하게 하는 일이 있지 않게 하옵소서
엡 5:18	항상 성령의 충만을 받으며 살아가게 하옵소서
살전 5:19	성령을 소멸하는 일이 있지 않게 하옵소서
빌 3:3	봉사할 때는 하나님의 성령으로 봉사할 수 있게 하옵소서

새 생명으로 살게 하소서

우리는 그리스도 안에서 죽고

다시 태어났으므로 새 생명으로 살아야 한다.

새 생명으로 거듭난 후에 옛 생명으로 사는 것은 잘못된 일이다.

요 5:24	주님을 믿는 자는 영생을 얻었고 심판에 이르지 아니하나니 사망에서 생명으로 옮겼느니라고 하셨사오니, 주님을 믿고 영생을 누리는 삶을 살게 하소서
요 14:6	길이요 진리요 생명이 되신 주님, 주님께만 오직 참 생명이 있음을 깨닫게 하옵소서
롬 8:6	육신의 생각은 사망이요 영의 생각은 생명과 평안이라고 하셨사오니 저희가 늘 영의 생각만 함으로써 생명과 평안을 누리게 하옵소서
롬 8:2	그리스도 예수 안에 있는 생명의 성령의 법이 죄와 사망의 법에서 저희를 해방하여 주심을 감사드리옵나이다
요일 5:12	하나님의 아들이 있는 자에게는 생명이 있고 하나님의 아들이 없는 자에게는 생명이 없다고 하셨사오니, 하나님의 아들되신 예수님을 잘 믿어 생명을 얻게 하소서
요 10:10	저희에게 생명을 얻게 하되 더 풍성히 얻게 하기 위해 오신 주님, 저희가 주님을 따르기를 원합니다
요 6:27	썩는 양식을 위하여 일하지 말고 영생하도록 있는 양식을 위하여 일할 수 있도록 저희에게 참 깨달음을 허락하여 주옵소서

죽음을 앞두고 있습니다

신자에겐 내세가 있기 때문에 죽음을 두려워할 필요가 없다.

죽음으로 끝나는 것이 아니다. 내세가 존재한다.

고후 5:1	만일 땅에 있는 우리의 장막 집이 무너지건 하나님께서 지으신 집 곧 손으로 지은 것이 아니요 하늘에 있는 영원한 집이 우리에게 있다고 하셨사오니, 이제 영원한 집을 허락하소서
마 11:28	수고하고 무거운 짐진 자들아 다 내게로 오라 내가 너희를 쉬게 하리라고 약속하신 주님, 이 성도가 이제 수고하고 무거운 짐을 내려놓고 영원한 안식을 갖기 원합니다
요 14:2-3	내 아버지 집에 거할 곳이 많도다 그렇지 않으면 너희에게 일렀으리라 내가 너희를 위하여 처소를 예비하러 가노니 가서 너희를 위하여 처소를 예비하면 내가 다시 와서 너희를 내게로 영접하여 나 있는 곳에 너희도 있게 하리라고 말씀해 주신 주님, 이제 주님께서 예비하신 영원한 처소에 살게 하여 주옵소서
계 21:4	다시 눈물이나 사망이 없고 애통하는 것이나 곡하는 것이나 아픈 것이 다시 있지 아니한 영원한 나라로 인도하여 주옵소서
딤후 4:7	내가 선한 싸움을 싸우고 나의 달려갈 길을 마치고 믿음을 지켰다고 고백했던 바울처럼 선한 싸움을 다 마치고 주님께로 나아가 영원한 쉼을 얻게 하소서

부활을 믿습니다

이 세상에서 예수님만이 유일하게 부활하셨다.

기독교만이 참 부활의 종교다.

요 11:25	나는 부활이요 생명이니 나를 믿는 자는 죽어도 살겠다고 하셨사오니, 주님을 믿었사오니 부활과 생명을 허락하소서
행 4:33	예수님이 죽으신 후에, 사도들이 큰 권능으로 주 예수의 부활을 증거하였던 것처럼 저희도 예수님의 부활을 담대히 증거할 수 있도록 하여 주옵소서
고전 15:42	썩을 것으로 심고 썩지 아니할 것으로 다시 살게 될 줄을 믿사옵나이다
고전 15:12	예수 그리스도께서 죽은 자 가운데서 부활하셨듯이 저희도 부활하게 될 줄을 믿사옵나이다
벧전 1:3	우리 주 예수 그리스도의 아버지 하나님이 그 많으신 긍휼대로 예수 그리스도의 죽은 자 가운데서 부활하심으로 말미암아 우리를 거듭나게 하사 산 소망이 있게 하시니 영광과 찬송을 우리 주님께 드리옵나이다
롬 6:5	만일 우리가 주님의 죽으심을 본받아 연합한 자가 되었으면 또한 주님의 부활을 본받아 연합한 자가 될 줄을 믿습니다

재물욕을 갖지 않게 하소서

지나친 재물욕은 오히려 자신을 패망하게 한다.

재물이 있으나 없으나 자족할 줄 알아야 한다.

마 6:24 한 사람이 두 주인을 섬기지 못할 것이니 혹 이를 미워하며 저를 사랑하거나 혹 이를 중히 여기며 저를 경히 여김이라 너희가 하나님과 재물을 겸하여 섬기지 못한다고 하셨사오니, 저희가 재물을 주인으로 섬기는 일이 있지 않게 하소서

빌 4:11 어떠한 형편에든지 내가 자족하기를 배웠다고 한 바울처럼, 궁핍하든지 부유하든지 자족할 수 있도록 하여 주옵소서

히 11:26 그리스도를 위하여 받는 능욕을 애굽의 도든 보화보다 더 큰 재물로 여겼던 모세처럼, 재물보다 주님을 위한 삶을 더 귀한 것으로 여기게 하옵소서

딤전 6:17 마음을 높이지 말고 정함이 없는 재물에 소망을 두지 말고 오직 우리에게 모든 것을 후히 주사 누리게 하시는 하나님께 두게 하옵소서

눅 12:21 자기를 위하여 재물을 쌓아 두고 하나님께 대하여 부요치 못한 자가 되지 않도록 하여 주옵소서

요일 3:17 누가 이 세상 재물을 가지고 형제의 궁핍함을 보고도 도와줄 마음을 막으면 하나님의 사랑이 어찌 그 속에 거할까보냐고 하셨사오니, 형제를 위해 재물을 잘 사용할 수 있는 저희들이 되게 하옵소서

잠 22:1 많은 재물보다 명예를 택할 것이요라고 하셨사오니 재물보다 명예로운 삶을 선택해서 살 수 있게 하옵소서

주님 안에 거하게 하소서

주님 안에 거할 때에만 비로소 평안이 주어진다.

주님을 떠나서는 아무 것도 할 수 없음을 알아야 한다.

요 15:4 내 안에 거하라 나도 너희 안에 거하리라 가지가 포도나무에 붙어 있지 아니하면 절로 과실을 맺을 수 없음같이 너희도 내 안에 있지 아니하면 그러하리라고 하신 말씀처럼, 저희가 늘 주님 안에 거할 수 있게 하여 주옵소서

요 15:5 나는 포도나무요 너희는 가지니 저가 내 안에, 내가 저 안에 있으면 이 사람은 과실을 많이 맺나니 나를 떠나서는 너희가 아무것도 할 수 없음이라고 하셨사오니, 주님을 떠나는 일이 결코 있지 않도록 하여 주옵소서

요 15:7 너희가 내 안에 거하고 내 말이 너희 안에 거하면 무엇이든지 원하는대로 구하라 그리하면 이루리라고 약속하셨사오니, 저희가 주님 안에 거함으로써 무엇이든지 원하는 대로 얻게 되는 일이 있게 하옵소서

엡 2:10 그리스도 예수 안에서 선한 일을 위하여 저희를 다시 거듭나게 하셨사오니, 저희가 이제 주님 안에서만 살게 하옵소서

빌 4:7 모든 지각에 뛰어난 하나님의 평강이 그리스도 예수 안에서 저희 마음과 생각을 지켜 주실 줄을 믿사옵나이다

빌 4:19 하나님께서 그리스도 예수 안에서 영광 가운데 그 풍성한대로 저희 모든 쓸 것을 채워 주옵소서

빌 3:14 푯대를 향하여 그리스도 예수 안에서 하나님이 위에서 부르신 부름의 상을 위하여 좇아갈 수 있게 하여 주옵소서

고전 1:4 그리스도 예수 안에서 저희에게 주신 하나님의 은혜를 인하여 항상 하나님께 감사하게 하옵소서

강하게 하옵소서

신자는 성령의 능력으로 강하게 살아야 한다.

인간은 약하지만 전능하신 하나님이

함께 하실 때 강하게 될 수 있다.

수 1:7	오직 너는 마음을 강하게 하고 극히 담대히 하여 나의 종 모세가 네게 명한 율법을 다 지켜 행하고 좌로나 우로나 치우치지 말라 그리하면 어디로 가든지 형통하리니 하시면서 여호수아에게 약속하신 것처럼, 저희가 항상 강하고 담대한 마음을 갖고 믿음 생활할 수 있게 하옵소서
시 27:14	저희가 하나님을 바라되, 강하고 담대하게 하나님을 바라게 하여 주옵소서
시 105:24	하나님께서 당신의 백성들을 크게 번성케 하사 그들의 대적보다 강하게 하여 주실 줄을 믿사옵나이다
딤후 2:1	그리스도 예수 안에 있는 은혜 속에서 강하게 살아갈 수 있게 하여 주옵소서
사 35:3	주님께서 저희의 약한 손을 강하게 하여 주며 떨리는 무릎을 굳게 하여 주실 줄을 믿사옵나이다
눅 1:80	저희 심령이 약해지지 않고 강하여 질 수 있게 하옵소서
딤후 2:1	그리스도 예수 안에 있는 은혜 속에서 강하게 살아가게 하옵소서
벧전 5:10	저희가 잠간 고난을 받지만 주님께서는 친히 온전케 하시며 굳게 하시며 강하게 하시며 터를 견고케 하실 줄을 믿사옵나이다

진리를 따라 살게 하소서

거짓을 따라 가면 반드시 멸망당하게 된다.

이 세상에 진리는 오직 하나님께만 있다.

시 86:11 여호와여 주의 도로 내게 가르치소서 내가 주의 진리에 행하오리니 일심으로 주의 이름을 경외하게 하소서

시 119:43 진리의 말씀이 저희 입에서 조금도 떠나지 말게 하옵소서

잠 3:3 인자와 진리로 저희에게서 떠나지 않게 하고 그것을 저희 마음판에 샛길 수 있게 하옵소서

잠 8:7 저희 입은 진리를 말하며 내 입술은 악을 미워하게 하옵소서

사 42:3 상한 갈대를 꺾지 아니하며 꺼져가는 등불을 끄지 아니하고 진리로 공의를 베풀 것이라고 하신 주님, 항상 저희가 주님의 진리와 공의로 살게 하옵소서

요 8:32 진리를 알찌니 진리가 너희를 자유케 하리라고 하셨사오니, 주님 안에서 진리를 깨달음으로써 자유를 누리게 하옵소서

전심으로 구하게 하옵소서

하나님께 구할 때는 전심으로 구해야 한다.

우리가 하나님께 전심으로 기도할 때

하나님은 그 기도를 들어 주신다.

삼상 7:3	저희가 전심으로 하나님께 돌아오며 저희 마음을 하나님께로 향하여 그만 섬길 수 있게 하여 주옵소서
대하 16:9	하나님의 눈은 온 땅을 두루 감찰하사 전심으로 자기에게 향하는 자를 위하여 능력을 베푸신다고 하셨사오니, 전심으로 주님께로 향할 수 있는 저희가 되게 하옵소서
대하 17:6	저희가 전심으로 하나님의 말씀대로 살게 하여 주옵소서
시 9:1	저희가 전심으로 하나님께 감사하며 하나님의 모든 역사하심을 전할 수 있게 하옵소서
시 119:10	저희가 전심으로 주님을 찾으며 주님의 계명에서 떠나지 말게 하소서
시 119:34	저희가 주님의 말씀을 준행하며 전심으르 지키게 하옵소서
시 119:58	저희가 전심으로 주의 은혜를 구하게 하옵소서
시 119:145	하나님 저희가 전심으로 부르짖었사오니 저희에게 응답하여 주옵소서
시 138:1	저희가 전심으로 주님께 감사하며 찬양하게 하옵소서
렘 29:13	저희가 전심으로 하나님을 찾고 찾으면 반드시 하나님을 만나게 될 줄을 믿습니다
딤전 4:15	이 모든 일에 전심전력하여 저희의 진보를 모든 사람에게 나타낼 수 있게 하옵소서
습 3:14	저희가 주님 안에서 전심으로 기뻐하며 즐거워할 수 있게 하옵소서

지혜를 구하게 하옵소서

크리스챤은 믿음이 있어야 하지만 지혜도 있어야 한다.

하나님을 경외하는 것이 최고의 지혜이다.

시 147:5   우리 주는 광대하시며 능력이 많으시며 그 지혜가 무궁하시오니, 찬양을 드리옵나이다

시 104:24   여호와여 주의 하신 일이 어찌 그리 많은지요 주께서 지혜로 저희를 다 지으셨으니 주의 부요가 땅에 가득하니이다

잠 1:7   여호와를 경외하는 것이 지식의 근본이라고 하셨사오니, 항상 하나님을 잘 경외하는 저희가 되게 하옵소서

잠 3:7   스스로 지혜롭게 여기지 않고 하나님을 경외하며 악을 떠날 수 있게 하옵소서

롬 11:33   하나님의 지혜와 지식이 얼마나 부요하고 깊은지요, 하나님의 판단은 측량치 못할 만큼 크오니이다

창 41:39   명철하고 지혜로왔던 요셉처럼 살아가게 하옵소서

출 35:35   지혜로운 마음을 저희들에게 충만하게 하옵소서

고전 2:4   저희 말과 전도함이 지혜의 권하는 말로 하지 아니하고 다만 성령의 나타남과 능력으로 할 수 있게 하옵소서

고전 2:5   너희 믿음이 사람의 지혜에 있지 아니하고 다만 하나님의 능력에 있게 하여 주옵소서

자비로우신 하나님

하나님이 자비하시므로 우리도 자비해야 한다.

우리는 하나님의 자비하심을 나타낼 수 있어야 한다.

골 3:12 하나님의 택하신 거룩하고 사랑하신 자처럼 긍휼과 자비와 겸손과 온유와 오래 참음을 옷입을 수 있게 하옵소서

눅 6:36 저희 아버지의 자비하심 같이 저희가 사람들에게 자비할 수 있도록 하여 주옵소서

롬 1:31 저희가 우매한 자요 배약하는 자요 무정한 자요 무자비한 자가 되지 않도록 하여 주옵소서

시 18:25 자비한 자에게는 주의 자비하심을 나타내시며 완전한 자에게는 주의 완전하심을 보이신다고 하셨사오니, 저희가 항상 자비하며 완전을 향해 나아갈 수 있게 하옵소서

애 3:22 여호와의 자비와 긍휼이 무궁하시므로 저희가 진멸되지 않게 하시니 감사를 드리옵나이다

애 3:32 비록 저희가 일시적으로 고난에 처해졌지만 하나님의 풍부한 자비대로 긍휼히 여겨 주실 것을 믿습니다

고후 6:6 깨끗함과 지식과 오래 참음과 자비함과 성령의 감화와 거짓이 없는 사랑을 베풀 수 있도록 하여 주옵소서

시 51:1 하나님이여, 주님의 인자를 좇아 저희를 긍휼히 여기시며 주님의 많은 자비를 좇아 저희 죄과를 없애 주옵소서

시 78:38 오직 하나님은 자비하심으로 죄악을 사하사 멸하지 아니하시니 찬양과 감사를 하나님께 드리옵나이다

완전하신 하나님

하나님이 완전하시므로 우리도 완전할 수 있어야 한다.

완전하신 분은 한분뿐이신데, 곧 하나님이시다.

시 18:30 하나님의 도는 완전하고 하나님의 말씀은 올바르오며 하나님께 피하는 모든 자에게 방패가 되시니 영광을 올리옵나이다

시 18:32 하나님이 힘으로 저희에게 띠 띠우시며 저희 길을 완전케 하여 주옵소서

시 19:7 하나님의 말씀은 완전하여 저희 영혼을 소성케 하나이다

히 6:2 항상 어린아이의 단계에 머물지 않고 완전한 데로 나아갈 수 있게 하옵소서

잠 19:21 사람의 마음에는 많은 계획이 있어도 오직 하나님의 뜻이 완전히 선다고 약속하셨사오니, 하나님의 뜻만 온전히 설 수 있도록 하여 주옵소서

마 5:48 하늘에 계신 저희 아버지의 온전하심과 같이 저희도 온전해 질 수 있게 하여 주옵소서

빌 1:20 저희가 온전히 담대하여 살든지 죽든지 저희 몸에서 그리스도가 존귀히 되게 하여 주옵소서

빌 3:12 저희가 이미 얻었다 함도 아니요 온전히 이루었다 함도 아니라 오직 저희가 그리스도 예수께 잡힌바 된 그것을 잡으려고 좇아갈 수 있게 하여 주옵소서

은혜로우신 하나님

은혜는 하나님께서 우리에게 아무런 조건없이 주는 것을 말한다.

우리는 하나님의 은혜를 떠나서는 단 한순간도 살아갈 수 없다.

시 84:11 하나님은 해요 방패시오며 하나님께서 은혜와 영화를 주시며 정직히 행하는 자에게 좋은 것을 아끼지 아니하실 것을 믿사옵나이다

시 116:12 하나님께서 저희에게 주신 모든 은혜를 무엇으로 보답하겠사옵나이까

시 119:58 저희가 전심으로 주님의 은혜를 구하였사오니 주님의 말씀대로 저희를 긍휼히 여기시옵소서

시 145:17 하나님께서는 그 모든 행위에 의로우시며 그 모든 행사에 은혜로우시오니 하나님의 그 은혜에 찬미와 감사를 드리옵나이다

롬 3:24 그리스도 예수 안에 있는 구속으로 말미암아 하나님의 은혜로 값 없이 의롭다 하심을 얻은 자 되었사오니, 이 하나님의 은혜를 전파할 수 있는 저희가 되게 하옵소서

고전 1:3 하나님 우리 아버지와 주 예수 그리스도로 좇아 은혜와 평강이 항상 저희에게 넘치게 하옵소서

갈 1:15 창세 전부터 저희를 택정하시고 은혜로 부르신 하나님 아버지,

벧후 3:18 오직 우리 주 곧 구주 예수 그리스도의 은혜와 주님을 아는 지식에서 자라 가게 하옵소서

전능하신 하나님

하나님은 어떤 것도 하실 수 있는 전능하신 하나님이시다.

우리는 할 수 없으되 하나님은 하실 수 있다.

창 17:1	저희가 전능하신 하나님 앞에서 온전히 행할 수 있게 하옵소서
창 28:3	전능하신 하나님께서 저희에게 복을 주어 저희로 번성하고 충만하게 해 주옵소서
계 11:17	전능하신 하나님께서 친히 큰 권능을 잡으시고 왕노릇 하시옵소서
습 3:17	주님께서는 저희 가운데 계셔서 구원을 베푸실 전능자 시오니 주님께서 저희로 인하여 기쁨을 이기지 못하는 일이 있게 하옵소서
대상 16:11	하나님과 그 능력을 구하며 그 얼굴을 항상 구할 수 있게 하옵소서
신 9:29	하나님의 크신 능력의 팔로서 이스라엘 백성들을 애굽에서 이끌어 내신 것처럼 저희를 어두움의 세력에서 벗어나게 하여 주옵소서
대상 16:27	존귀와 위엄이 주님 앞에 있으며 능력과 즐거움이 주님께 있사오니 찬양을 드리옵나이다
시 27:1	하나님께서 저희의 빛이요 구원이시니 저희가 누구를 두려워하며 하나님께서 저희 생명의 능력이 되시오니 저희가 누구를 무서워하겠사옵나이까
시 21:13	하나님이여 주님의 능력으로 높임을 받으소서 저희가 주님의 권능을 노래하고 칭송하겠나이다
시 147:5	우리 주는 광대하시며 능력이 많으시며 그 지혜가 무궁하시도다

영원하신 하나님

이 세상의 모든 것은 영원하지 않지만 하나님은 영원하시다.

하나님은 영원히 불변하시므로 우리가 하나님을 믿을 수 있다.

신 33:27 영원하신 하나님이 너의 처소가 되시며 그 영원하신 팔이 저희 아래 있게 하옵소서

삼하 7:24 하나님께서 저희를 영원히 당신의 백성을 삼으셨사오니 찬양과 감사를 오직 하나님께만 올리옵나이다

대상 16:34 하나님은 선하시며 그 인자하심이 영원하심을 믿습니다

시 10:16 하나님께서는 영원무궁토록 왕이시니 열방이 하나님 앞에 굴복하게 하옵소서

시 41:13 하나님을 영원부터 영원까지 찬송하게 하옵소서

시 23:6 저희의 평생에 선하심과 인자하심이 정녕 저희를 따를 것을 믿사오니 저희가 하나님의 집에 영원히 거하게 하옵소서

시 61:8 저희가 주님의 이름을 영원히 찬양하게 하옵소서

시 89:1 저희가 하나님의 인자하심을 영원히 노래하며 하나님의 성실하심을 저희 입으로 대대에 알게 하옵소서

사 26:4 저희가 하나님을 영원히 의뢰하게 하옵소서

시 145:13 주님의 나라는 영원한 나라이오니 주님의 통치는 대대에 이르게 하옵소서

벧전 5:10 모든 은혜의 하나님께서 그리스도 안에서 저희를 부르사 당신의 영원한 영광에 들어가게 하시니 더욱 하나님의 뜻대로 살게 하옵소서

삶을 변화시키는 기도
POWER

초판 1쇄 ―2002년 4월 30일

지은이―이남종
펴낸이―이규종
펴낸곳―엘맨출판사

❋

서울시 마포구 합정동 433-62
출판등록―제13-1562호(1985. 10. 29)

❋

전화―(02) 323-4060, 322-4477
팩스―(02) 323-6416
이메일―elman1985@hanmail.net

❋

잘못된 책은 바꾸어 드립니다.

❋

값 6,000원